WIZARD

ボリンジャーバンドとMACDによるデイトレード

世界一シンプルな売買戦略

The Simple Strategy
A Powerful Day Trading Strategy
For Trading Futures, Stocks, ETFs
and Forex

by Markus Heitkoetter
and Mark Hodge

マルクス・ヘイトコッター[著] 長尾慎太郎[監修] 山下恵美子[訳]

Pan Rolling

The Simple Strategy
: A Powerful Day Trading Strategy For Trading Futures, Stocks, ETFs and Forex
by Markus Heitkoetter and Mark Hodge

Copyright © 2014 Markus Heitkoetter and Mark Hodge

　本書で述べられている見解は著者の見解であって、出版社の意見や考えを表すものではない。本書に表示されているすべてのコンテンツの著作権は著者が保有することを表明および保証する。
　本書の内容の一部または全部は、グラフィック、電子的、または機械的を含むいかなる方法によっても、批評記事やレビューのなかで短く引用される場合を除き、出版社の書面による許可なしに複製、送信、保存することを禁じる。

監修者まえがき

　本書はマルクス・ヘイトコッターによる"The Simple Strategy：A Powerful Day Trading Strategy For Trading Futures, Stocks, ETFs and Forex"の邦訳である。ここで紹介されている短期トレード手法は、ボリンジャーバンドやMACD（移動平均収束拡散法）、RSI（相対力指数）、および利食い・損切り目標を使ったオーソドックスなもので、原書のタイトル通り単純でだれにでもすぐに実行できるものだ。世にあるデイトレードの個人投資家向け指南書は、ほとんどが似たり寄ったりの内容であることを考えると、本書の手法がシンプルでパワフルだと著者が言うのも何らおかしくはない。実際、多くのトレーダーがこだわるエントリーやエグジットのルールについてほかの多くのものを読み漁っても、ここに書かれているもの以上のものは期待できないだろう。

　一般にトレード手法をロジカルに構築する際には、マーケットにおける因果関係や潜在的メカニズムの理解を避けては通れない。すなわち、値動きやボラティリティの増減という結果に対する原因を探し、原因と結果における因果関係（≠相関関係）を客観的に明らかにし、それに基づいてモデル化を行うことでのみ問題は解決される。したがって、「このようにトレードしたら、こんなに儲かりました」と書いてあるだけ、つまり、トレードルールと損益との相関関係を間接的かつ主観的に主張しているだけの相場書は、何百冊読んでも単に時間の無駄である（逆に言えば、トレードルールは本書にあるような簡単なもので十分だ）。

　さて、本書で一番興味深いのは著者自身のことを紹介した第15章である。ヘイトコッターはトレードの知識や経験がなく、わずか１年分の生活費の蓄えしかなかったにもかかわらず、無謀にもIBMでの仕

事を辞め、専業トレーダーになった。そして、通信講座、投資セミナー、情報商材、ソフトウェアに大金をつぎ込み、多くの時間と情熱をトレードに費やした。しかし、トレード口座の資金はどんどん減り続けた。これを読んでいる私たちは、それがあまりに典型的な間違いなので思わず笑ってしまうが、本人はいたって真剣そのものだったのだ。この話の続きは本文を読んでいただきたいが、彼をその窮状から救ったのがここで紹介されているトレード手法である。

　ところで、私が個人的に知る専業トレーダーたちは皆、高いトレード技術を身につけ、長い経験を積んでからフルタイムの仕事を辞めたか、あるいは一生分の生活費を貯めるなどして、トレードで一銭も稼げなくても困らない状態を確保してから専業生活に入っている。著者が裏付けを何も持たずにトレードを始めたのはあまりにも軽率な行動であり、失敗は必至であった。もし読者のなかで専業トレーダーを志向する方がおられたら、彼の轍を踏まぬよう本書を読んでからでも遅くはない。著者が本当に言いたい"The Simple Strategy"とは、具体的なトレード手法のことではなく、「トレードをするならしっかりと事前に準備してからにせよ」という教訓のことなのではないか。

　翻訳にあたっては以下の方々に心から感謝の意を表したい。翻訳者の山下恵美子氏は分かりやすい翻訳を、そして阿部達郎氏は丁寧な編集・校正を行っていただいた。また本書が発行される機会を得たのはパンローリング社社長の後藤康徳氏のおかげである。

2015年12月

長尾慎太郎

目次

CONTENTS

監修者まえがき　　　　　　　　　　　　　　　　　　　1

第1章　「シンプル戦略」はあなたのトレードでどのように役立つか ─────── 9

第2章　あなたのトレードの半分が負けトレードの場合、あなたはお金を儲けることができるだろうか？ ────── 15

第3章　「シンプル戦略」がパワフルなわけ ─ 19

第4章　「シンプル戦略」を行うためのチャートの設定 ──────────── 23

　ステップ1　時間枠を選ぶ ……………………… 25
　　1．時間に基づいたチャート
　　2．出来高に基づいたチャート
　　3．ボラティリティに基づいたチャート
　ステップ2　ボリンジャーバンドを表示させる──インディケーター1 ……………… 28
　ステップ3　MACDを表示させる──インディケーター2 ……………………………… 30
　　1．MACDそのもの
　　2．「シグナルライン」
　　3．ヒストグラム

　　　　　ステップ4　RSIを表示させる──インディケ
　　　　　ーター3 ……………………………………… 33

第5章　シンプル戦略のルール ────── 35
　　　1．買いの仕掛け ……………………………… 37
　　　　　買いのシグナル
　　　2．買いポジションの手仕舞い ……………… 46
　　　　　ADR
　　　　　利益目標と損切りの設定
　　　3．売りの仕掛け ……………………………… 54
　　　4．売りポジションの手仕舞い ……………… 57

第6章　そのほかの市場におけるレンジバーの設定 ────────────────── 63
　　　ステップ1　過去3〜6カ月のADRを計算する… 65
　　　ステップ2　ADRの10%から始める ………… 66
　　　ステップ3　シンプル戦略のシグナルをテスト
　　　する ……………………………………………… 66

第7章　時間足によるトレード ─────── 69
　　　時間足を使うときに注意すべきこと ………… 71
　　　1．ボリンジャーバンドで仕掛けの注文を入れる… 72
　　　2．成り行き注文を使って仕掛ける …………… 75

第8章　FXをシンプル戦略でトレードする方法 ──── 81

第9章　シンプル戦略による株式とETFのトレード ──── 89

　　1．ギャップ ……………………………… 91
　　　　ギャップが損切りよりも大きいときはトレードは見合わせる
　　　　ギャップが埋まったあとで仕掛ける
　　　　その取引時間の最初の足がリバーサルバーの場合、ギャップは無視する（アグレッシブな戦略）
　　2．株式の仕掛けルールの変更 ……………… 97

第10章　シンプル戦略によるスイングトレード ──── 103

　　ヒント１──チャートをクリーンアップせよ… 105
　　ヒント２──動いているが「ギャップ」の空いていない株をトレードせよ ……… 105
　　ヒント３──価格がボリンジャーバンドに達したらシグナルに集中せよ ……… 106
　　ヒント４──手仕舞いのルールを調整せよ … 106
　　ヒント５──売りシグナルが出たらインバースETFやプットを買う ……………… 107

目次

第11章　シンプル戦略でトレードして期待できること —— 109

第12章　落とし穴とその回避方法 —— 113
 1．チャートソフトを設定する …… 115
 2．チャートでシグナルを探す …… 115
 3．戦略のバックテスト …… 116
 4．シンプル戦略をシミュレーターでトレードする（フォワードテスト）…… 116

第13章　次のステップ —— 121

第14章　資料 —— 125
 1．「シンプル戦略」の無料DVD …… 127
 2．無料eブック「The Complete Guide to Day Trading」…… 127
 3．無料のInfinity AT Trade Simulator … 127
 4．無料のチャートソフト …… 127
 5．Rockwellトレーディングインディケーター …… 128

第15章　著者紹介 —— 129
 2001年、すべてが変わった！ …… 132
 決断 …… 132

CONTENTS

模索 …………………………………………… 133
もう、あきらめよう！ …………………… 133
突破口 ………………………………………… 134
ひらめき ……………………………………… 135
ついにやった！ ……………………………… 136
人生が再びうまく回り始める ……………… 136
ロックウェルトレーディング ……………… 137
私のビジョンと目標 ………………………… 138

第1章

「シンプル戦略」はあなたの
トレードでどのように役立つか

How "The Simple Strategy" Can Help You in Your Trading

「シンプル戦略」はパワフルなトレンドフォロー戦略である。これはトレーダーの間で非常に人気がある。その理由は以下のとおりである。

● **明確な仕掛けルール**
「シンプル戦略」でトレードするとき、予測の入る余地は一切ない。仕掛けルールはインディケーターに基づいているため、黒白はっきりしている。仕掛けは、MACD（移動平均収束拡散法。通称、マックディー）がゼロラインを上回っているか否かと、RSI（相対力指数）が70を上回っているか否かによって決まる。これによって仕掛けと執行が簡単になる。これが「**シンプル戦略**」と呼ばれるゆえんである。

● **明確な手仕舞いルール**
「シンプル戦略」でトレードするとき、仕掛ける前でもいつ手仕舞いすればよいのかが分かる。つまり、そのトレードに対するリスクが分かるということである。リスクを知ることは正確なポジションサイジングとマネーマネジメントにとって重要だ。さらに、いったん注文が執行されればトレードは自動モードにすることができるため、トレード管理は最低限でよい。管理をしすぎて失敗するトレードが多いことを考えるとこれは大変重要だ。しかし、「**シンプル戦略**」の手仕舞いについてはこの問題はない。これは「ロンコ　ロティサリー・バーベキューオーブン」のようなもの――セッティングしたら、放っておけばよい。

● **小さな日中トレンドを利用する**
トレーディングの手数料の低下とコンピューター化されたトレードによって、いまや長時間にわたる素晴らしい日中でのトレンドは消えた。午前中に仕掛けて午後に手仕舞うといった時代は終わったのだ。

最近のトレンドは短時間で終わり、市場は一瞬のうちに反転する。しかし、**「シンプル戦略」**では、日中に現れる小さなトレンドを利用することができる。私たちがとらえようとするのは、1日の平均値幅のたった15％だけだからだ。これについてはのちほど説明する。

●高度なトレードソフトウェアは不要

あなたが必要なのは「基本的な」チャート作成機能を持つチャートソフトのみ。ただし、チャートソフトには、レンジバー、ボリンジャーバンド、MACD、RSIを描ける機能が備わっている必要がある。今日入手可能なチャートソフトの90％以上はこれらの機能が備わっているため、特殊なインディケーターが表示できるソフトウェアや高価なチャートソフトを新たに買う必要はない。

つまり、**「シンプル戦略」**はあなたのトレードをシンプルにしてくれるのである。

この戦略は、私のトレードに大いに貢献してくれた。**「シンプル戦略」**を使う前、私はインディケーターオタクだった。チャートにいろいろなインディケーターを表示させて、値動きそのものを見ようともしなかった。しかも、これらのインディケーターが役立ったことは一度もない。

これらのインディケーターは私を分析まひに陥らせただけだ。

分析まひはトレーダーがよくかかる病気だ。それは、あまりにも多くのことを分析しすぎて混乱してしまうという病気だ。私もこの病気にかかった。ディスプレイ上のインディケーターを見ると、その半分は買いを示し、残りの半分は売りを示していた。

しかし、やがて私は3つのインディケーターの有効な組み合わせに気づいた。こうして**「シンプル戦略」**は生まれた。

もう分析まひとはおさらばだ。明確な仕掛けルールと手仕舞いルー

ルさえあればよい。
　それでは始めよう。

第2章

あなたのトレードの半分が負けトレードの場合、あなたはお金を儲けることができるだろうか？

Can You Make Money If Half of Your Trades Are Losing Trades?

私が「シンプル戦略」を使い始めてから、もう何年もたつ。これは私のお気に入りのトレード戦略の１つだ。理由は簡単だ。それがトレンドフォロー戦略だからだ。
　「シンプル戦略」はリスク・リワード・レシオが正のトレンドフォロー戦略だ。ルールに従って「シンプル戦略」でトレードすると、とったリスク100ドルに対して、150ドルの利益を期待できる。
　つまり、勝率がわずか50％でも、利益が出るということである。

　例を見てみよう。

　例えば、10回トレードするとしよう。10回のトレードのうち５回は勝ちトレードで、５回は負けトレードだ。したがって、勝率は50％である。
　この例では、５回の勝ちトレードで750ドル儲かったとしよう（１回の勝ちトレードにつき150ドルの利益）。

勝ちトレード　　　150ドル×５＝750ドル

　そして、５回の負けトレードで500ドルの損をした（１回の負けトレードにつき100ドルの損失）。

負けトレード　　　100ドル×５＝500ドル

　したがって、10回トレードを行ったあと、あなたの手元には250ドルの利益が残る。

総利益　　　　　　750ドル－500ドル＝250ドル

各トレードで手数料が5ドルかかった（したがって、総手数料は、5ドル×10トレード＝50ドル）としても、手元には200ドルの純利益が残る。しかも、勝率はわずか50％だ。

本書では、最強のトレンドを見つけて勝率を上げる方法を学んでいく。では、この戦略で勝率が60％になったらどうなるだろうか。

このケースでは全部で10回トレードを行い、6回が勝ちトレードで、4回が負けトレードだ。

6回の勝ちトレードでは900ドルの儲けが出る（1回の勝ちトレードにつき150ドルの利益）。そして、4回の負けトレードでは400ドルの損が出る（1回の負けトレードにつき100ドルの損失）。

勝ちトレード	150ドル×6＝900ドル
負けトレード	100ドル×4＝400ドル
総利益	900ドル－400ドル＝500ドル

結果的には、全部で10回の（仮想）トレードで、500ドル儲けることができる。推定手数料を差し引いても、450ドルの純利益だ。悪くはない。

第3章

「シンプル戦略」が
パワフルなわけ

What Makes "The Simple Strategy" So Powerful?

「シンプル戦略」がパワフルなのは、それが市場の現実に基づいているからだ。この戦略では、あなたの仕事はトレンドを見つけて、短期間だけその流れに乗るだけだ。そして、トレンドが消える前に手仕舞う。

　市場の底や天井を探す必要などない。そもそも底や天井を見つけることなどできるわけがないのだ。少なくとも確実に見つけることは不可能だ。

　「シンプル戦略」でトレードするときの目標は、「仕事を探し求めて渡り歩く貧しい労働者」が汽車に乗るように、トレンドに乗ることだ。その汽車が来るまで辛抱強く待つ。汽車が来たらそれに飛び乗って、しばらくそのまま乗り続け、そして、飛び降りる。

　汽車を追いかけるのではない。汽車が駅を離れたあと、追いつこうと汽車を追いかけるのではない。そして、一度乗ったら、長居はしない。次の駅まで乗り続けてはならない。汽車が止まるのを待っていてはならない。動いている間の短時間だけ乗るのだ。そして、汽車が止まる前に飛び降りる。

　「シンプル戦略」で必要なのは、日中の短期のトレンドだけである。市場が反転する前に、汽車に飛び乗るように、素早く飛び乗るのだ。こういった短期のトレンドは1日に最低1回は現れる。そして市場の状態にもよるが、1日に数回トレード機会が訪れることもある。

　「シンプル戦略」は市場の現実に基づいているので、どんな市場でも使える。株式、ETF（上場投信）、先物、FXなど、ありとあらゆる市場で使える。

　だから、「シンプル戦略」はパワフルなのだ。

第4章

「シンプル戦略」を行うための
チャートの設定

How To Set Up Your Charts For "The Simple Strategy"

戦略のルールを解説する前に、**「シンプル戦略」**でトレードするに当たってチャートとインディケーターの設定方法を説明しておこう。

ステップ１　時間枠を選ぶ

「シンプル戦略」は基本的にはデイトレード戦略だ。

日中チャートを設定するとき、設定方法を次の３つのオプションから選ぶことができる。

１．時間に基づいたチャート

時間に基づいたチャートを選ぶとき、１分、３分、５分、15分といった具合に時間間隔を選ぶ必要がある。選んだ時間が完了すると、新しいバーやローソク足が現れる。例えば、時間間隔として５分を選んだ場合、新しい足が５分ごとに現れるといった具合だ。時間に基づいたチャートは一般的である。しかし、デメリットが多いため、ほかのチャートを使うほうがよい。

２．出来高に基づいたチャート

出来高に基づいたチャート（ティックチャート）を選んだ場合、例えば387ティックといった具合に出来高閾値を選ぶ必要がある。この場合、387回のトレードごとに新しいバーやローソク足が現れる。トレードが活発になると現れる足の数は増える。逆にオーバーナイトセッションのように出来高が少ない時間帯は、現れる足の数は減る。これら出来高に基づいたチャートは時間に基づいたチャートよりは良いが、私たちがよく使うのは３番目のチャートだ。

3．ボラティリティに基づいたチャート

　ボラティリティに基づいたチャート（レンジバーチャート）を選んだ場合、例えば2ポイントといった具合に、ボラティリティの閾値、つまり値幅を選ぶ必要がある。指定した閾値以上に価格が動くと新しいバーやローソク足が現れる。例えば、2ポイントのレンジバーを使った場合、価格が今の足の高値や安値から2ポイント以上動くと、新しいバーやローソク足が現れる。**「シンプル戦略」**は時間に基づいたチャートや出来高に基づいたチャートでも使えるが、レンジバーはほかのチャートに比べると大きなメリットがあるため、レンジバーを使うのがベストだ。

　重要――**「シンプル戦略」**でデイトレードするときは、レンジバーチャートを使うことを強くお勧めする。レンジバーを表示できるチャートソフトについては、第14章の「資料」を参照してもらいたい。

　私は個人的には**「シンプル戦略」**はいろいろな先物市場で使うのが好きだ。
　私がトレードする市場におけるレンジバーの設定は以下のとおりである。

- ●EミニS&P（ES）　　　　8ティックまたは2ポイント
- ●Eミニダウ（YM）　　　　16ティックまたは16ポイント
- ●Eミニラッセル（TF）　　16ティックまたは1.6ポイント
- ●EUR/USD（6E）　　　　8ティックまたは0.0008ドル
- ●金（GC）　　　　　　　　20ティックまたは2.00ドル
- ●原油（CL）　　　　　　　14ティックまたは0.14ドル
- ●30年物債券（ZB）　　　　4ティックまたは4/32

●10年物ノート(ZN)　　　2ティックまたは4/64

　しかし、前章でも述べたように、**「シンプル戦略」**はどの市場でもトレードすることができる。第6章では、ほかの市場——例えば、株式、ETF（上場投信）、FX——でのレンジバーの設定方法について説明する。

ステップ２　ボリンジャーバンドを表示させる
──インディケーター１

ボリンジャーバンドは正しく使えば素晴らしいインディケーターだ。

ボリンジャーバンドは中央のライン（単純移動平均線）、上のバンド（移動平均線の上に標準偏差の倍数を加える）、下のバンド（移動平均線の下に標準偏差の倍数を加える）からなる（**図4.1**参照）。

図4.1　ボリンジャーバンド

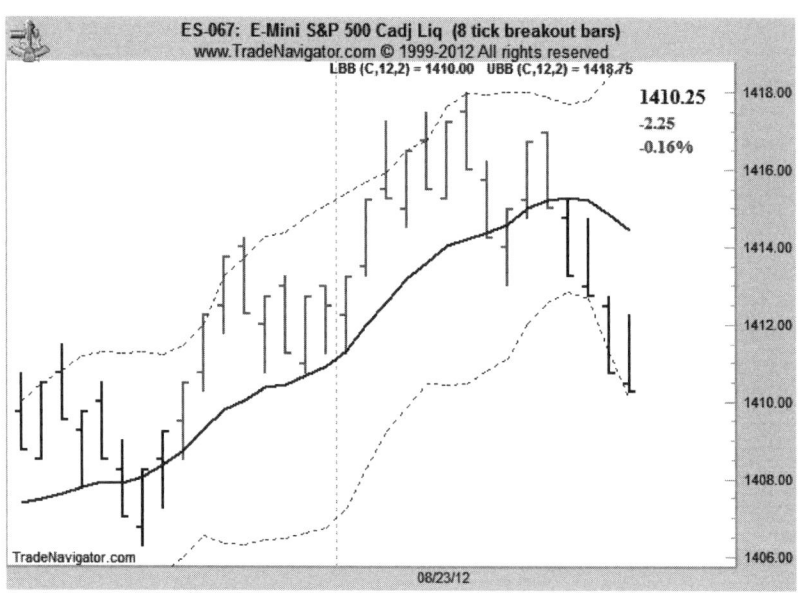

チャートソフトにボリンジャーバンドを描かせるとき、移動平均線の計算に用いる足の数と標準偏差の係数を指定する必要がある。

「シンプル戦略」では、移動平均線の計算に用いる足の数としては12、標準偏差の係数としては2を選ぶ。

トレードでは中央のラインは使わないので、チャートからは消す（**図4.2**参照）。

図4.2　中央のラインを消したボリンジャーバンド

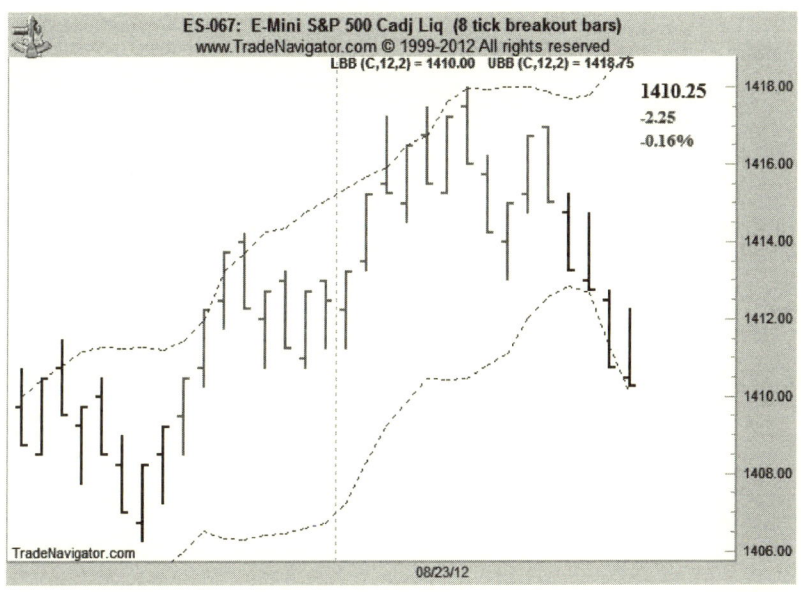

ステップ３　MACDを表示させる──インディケーター２

「シンプル戦略」でトレードするときに用いる２番目のインディケーターがMACD（移動平均収束拡散法）だ。

MACDは３つの要素からなる（**図4.3**参照）。

図4.3　MACD

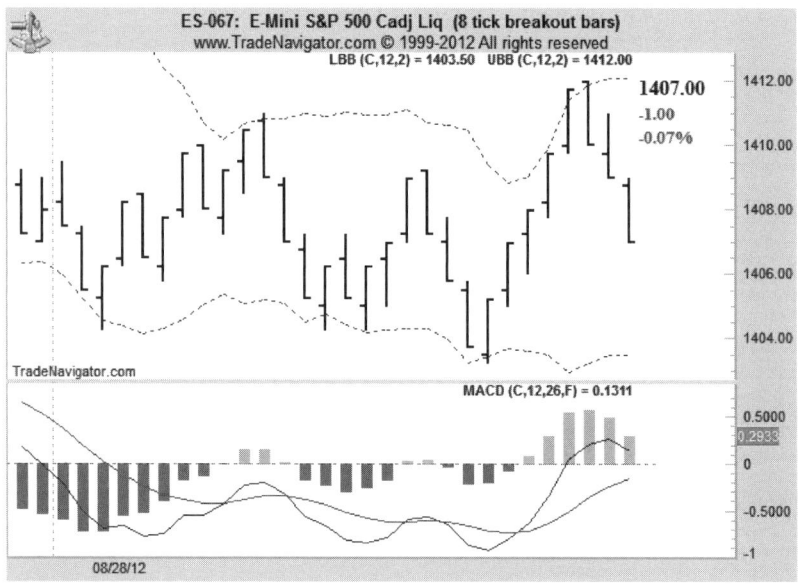

1. MACDそのもの

MACDは2つの指数移動平均（長期移動平均線と短期移動平均線）の差である。

2.「シグナルライン」

シグナルラインとはMACDの指数移動平均線のことである。

3. ヒストグラム

ヒストグラムはMACDとシグナルラインの差を表したものだ。ヒストグラムがゼロを上回っている場合、MACDがシグナルラインの上にあり、ヒストグラムがゼロを下回っている場合、MACDはシグナルラインの下にある。

ヒストグラムは「ゼロライン」（値がゼロのライン）を中心に上下に動く。

「シンプル戦略」では、長期移動平均線の計算には26期間を使い、短期移動平均線の計算には12期間、シグナルラインの計算には9期間を使う。

「シンプル戦略」でトレードするとき、チャートはMACDを基に色付けする。

- MACDがゼロラインとシグナルラインを上回っているとき、上昇相場を表す（ヒストグラムに色を付けるなら、緑）。
- MACDがゼロラインとシグナルラインを下回っているとき、下降相場を表す（ヒストグラムに色を付けるなら、赤）。

足の色付けはオプションだが、色付けしたほうが**「シンプル戦略」**のルールに基づいてトレード機会を素早く見つけることができるため、複数市場をトレードするのが簡単になる（**図4.4**参照）。

図4.4　MACDに基づく足の色付け

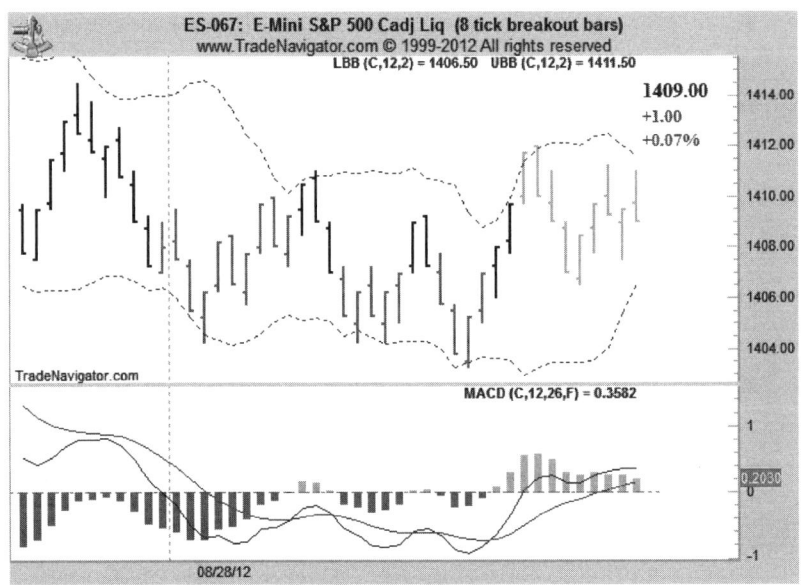

　MACDだけでは仕掛けのシグナルにはならない。MACDがゼロラインとシグナルラインを上回ったら買いサイン（緑の足）、MACDがゼロラインとシグナルラインを下回ったら売りサイン（赤の足）になる。

ステップ4　RSIを表示させる ── インディケーター3

「シンプル戦略」でトレードするときに用いる３番目のインディケーターが、ウエルズ・ワイルダーが開発したRSI（相対力指数）だ（図4.5参照）。このインディケーターは戦略のルールとしてはオプションだが、強いトレンドを見つけるのに役立つ。

RSIは市場の相対的な強さや弱さを測定するオシレーターで、０と100の間で推移する。RSIが低いほど市場は弱く、高いほど市場は強い。

図4.5　RSI

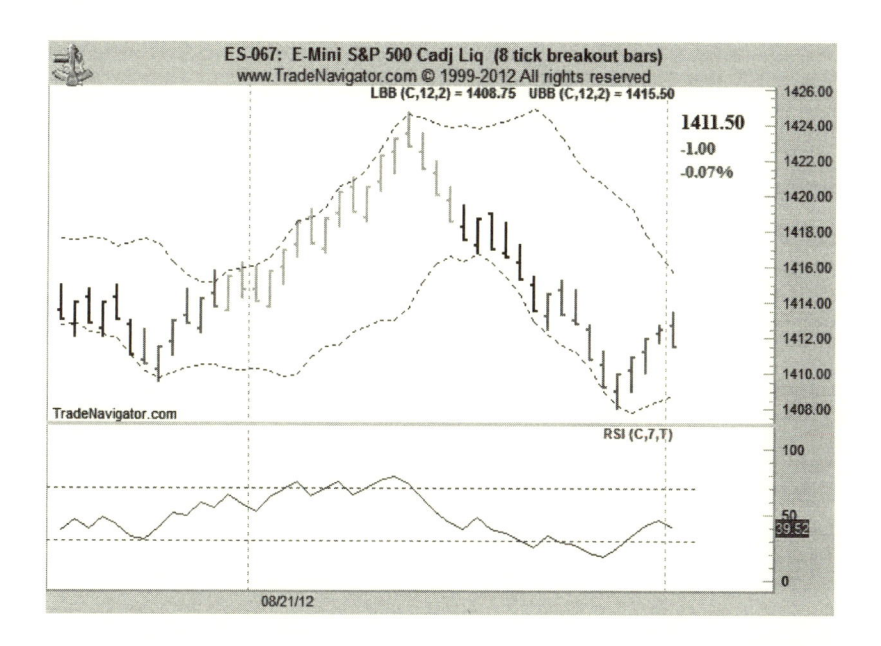

RSIは過去ｎ個の足の上昇した日の値幅の合計と、過去ｎ個の足の下落した日の値幅の合計を使って算出する、市場の相対的な強さや弱さを見るためのインディケーターだ。

「シンプル戦略」では、RSIの算出には7期間を使う。

MACDを基にチャート上の足を色付けしたように、RSIの場合はハイライトマーカーを使って視覚的に分かりやすくする。

●RSIが70を上回ったら、足の下に緑の▲の三角形を付ける。
●RSIが30を下回ったら、足の上に赤の▼の三角形を付ける。

図4.6　RSIに基づくハイライトマーカー

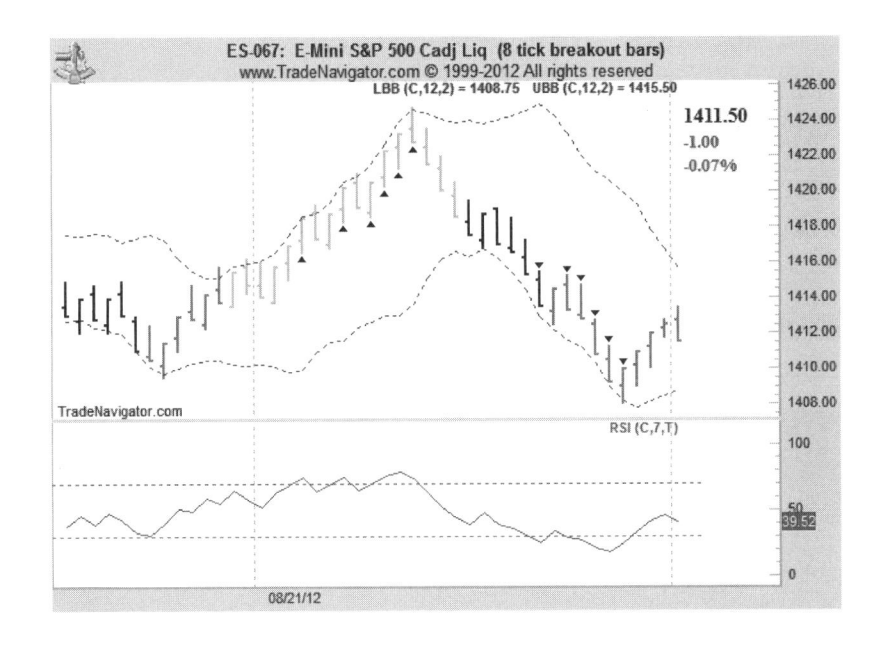

チャートにハイライトマーカーを付けるかどうかはオプションだが、ハイライトマーカーを付けるとトレンドの強さを素早く見極めることができる。「RSIによる確認」は、高勝率トレードのセットアップを見つけるためのフィルターとして使うことができる。

上記のようなチャートを描くのに特に問題はないと思うが、助けが必要なときはぜひ私に連絡してもらいたい。

第5章

シンプル戦略のルール

The Rules of The Simple Strategy

この戦略のルールは以下のとおりである。

1. 買いの仕掛け

①MACDに基づく市場状態が上昇相場でなければならない
MACD（移動平均収束拡散法）はシグナルラインとゼロラインを上回っていなければならない。足を第4章で述べたように色付けしているのであれば、足の色は緑になっているはずだ。

②ボリンジャーバンドが上昇トレンドを示していなければならない
上のバンドが上昇トレンドになっている必要がある。

③RSIは70を上回っていなければならない
7期間によるRSI（相対力指数）が70を上回っていれば、トレンドが強いことを示している。

これらの条件がすべて満たされたら、上のボリンジャーバンドか、その近くで引ける足の高値の1ティック上に買いの逆指値注文を置く。

注意──RSIによる確認とフィルター（上の③についての補足）
RSIはトレンドの強さを確認するのに使うことができる。デイトレードで7期間を使っているとき、70を上回るRSIは強い上昇相場を、30を下回るRSIは強い下降相場を示す。しかし、RSIが70を上回ったり、30を下回ったりする前に強いシグナルが発生することがある。このため、RSIはフィルターとしてのみ使い、RSIを仕掛けルールとして使うべきかどうかは経験や検証を基に決めることをお勧めする。

RSIなどのオシレーターをフィルターとして用いれば、トレードで

きるシグナルの数は限定される。フィルターの目的は、仕掛けに用いるシグナルのパフォーマンスを向上させることにあるが、完璧なフィルターなどない。良いフィルターは負けトレードからあなたを守ってくれるが、勝ちトレードを仕掛け損なうこともある。

図5.1　初めて現れた緑の足

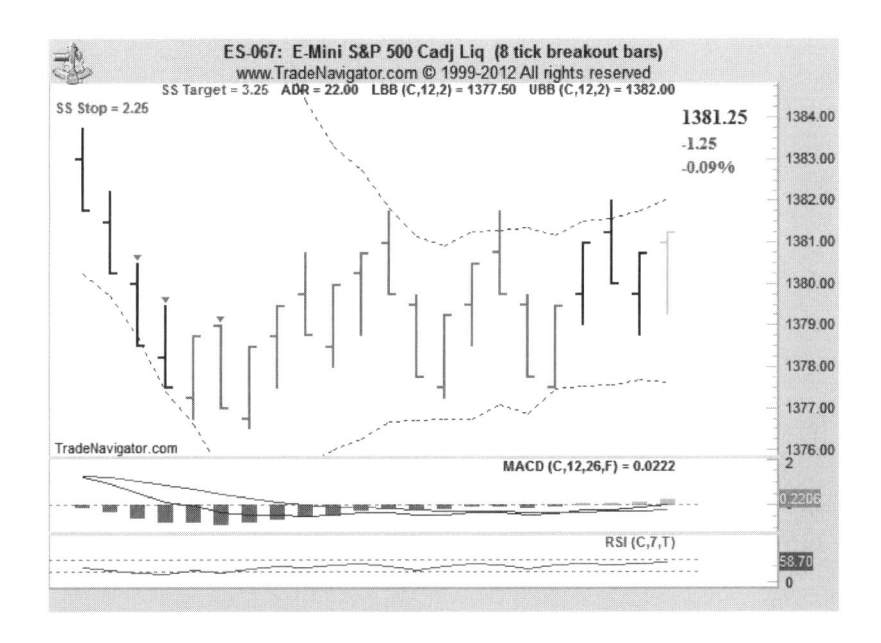

買いのシグナル

　以下では市場として私の好きなＥミニS&Pを使う（**図5.1**参照）。

　この戦略を使って株式、ETF（上場投信）、FXをトレードする例はこのあとの章で示す。まずはＥミニS&P先物のトレードを見てみることにしよう。

　前の章で述べたように、ここでは8ティックのレンジバーを使う。

　チャートの一番右端の足（緑）の前に3本の黒い足がある。これらの3本の足が黒なのは下降トレンドではないが、上昇トレンドを表す条件が1つしか満たされていないからだ（MACDはシグナルラインを上回っているが、ゼロラインは上回っていない）。

　MACDは最後の足でゼロラインも上回ったので、MACDの条件は両方とも満たされ、一番右端の足の色は緑になった（**図5.1**参照）。

この時点では上のボリンジャーバンドは上昇しているが、現在の足は上のボリンジャーバンドをはるか下回って引けている。私たちが求めているのは、上のボリンジャーバンドかその近くで引けることである。

　次の足も上のボリンジャーバンドからは遠く離れた位置で引けている。しかも、上のボリンジャーバンドは横ばいの様相を示してきた(図5.2参照)。したがって、まだ仕掛けることはできない。

図5.2　まだ仕掛けシグナルは出ない

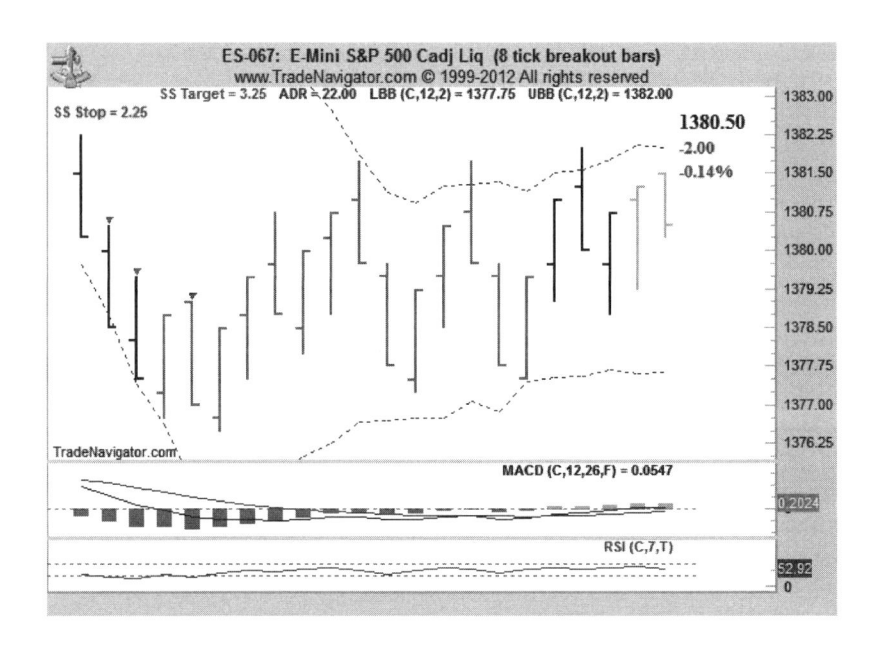

次の足では上のボリンジャーバンドは再び上昇しているが、足は上のボリンジャーバンドかその近くで引けていない（**図5.3**参照）。したがって、次の足を待たなければならない。

図5.3　足が上のボリンジャーバンドかその近くで引けるのを待つ

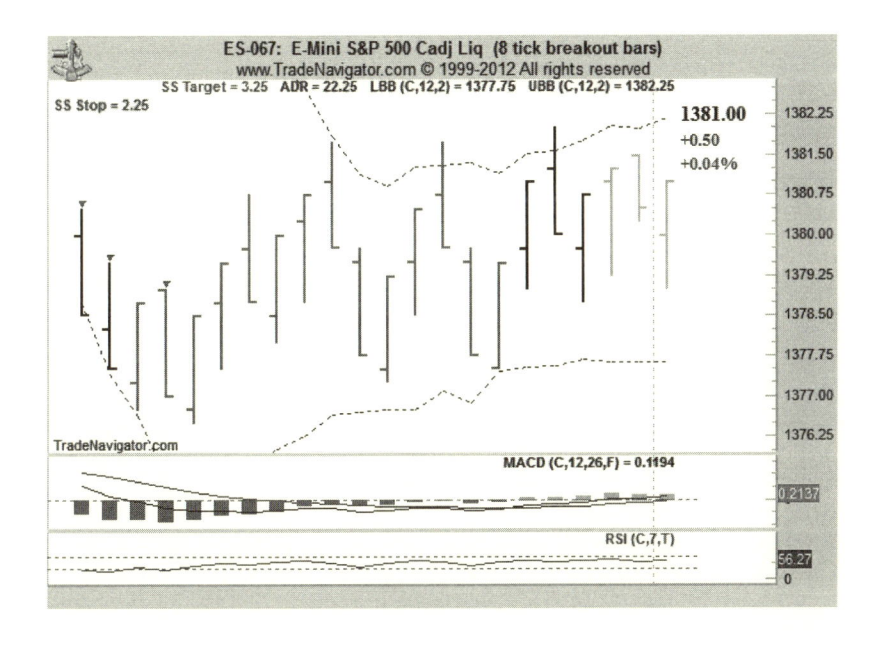

次の足は安値近くで引け、上のボリンジャーバンドからは遠い位置で引けている（**図5.4**参照）。仕掛けのシグナルが出るまで辛抱強く待とう。

　市場を追いかける必要はない。市場が私たちの望む状態になるのを待つだけだ。

図5.4　足は安値で引けている

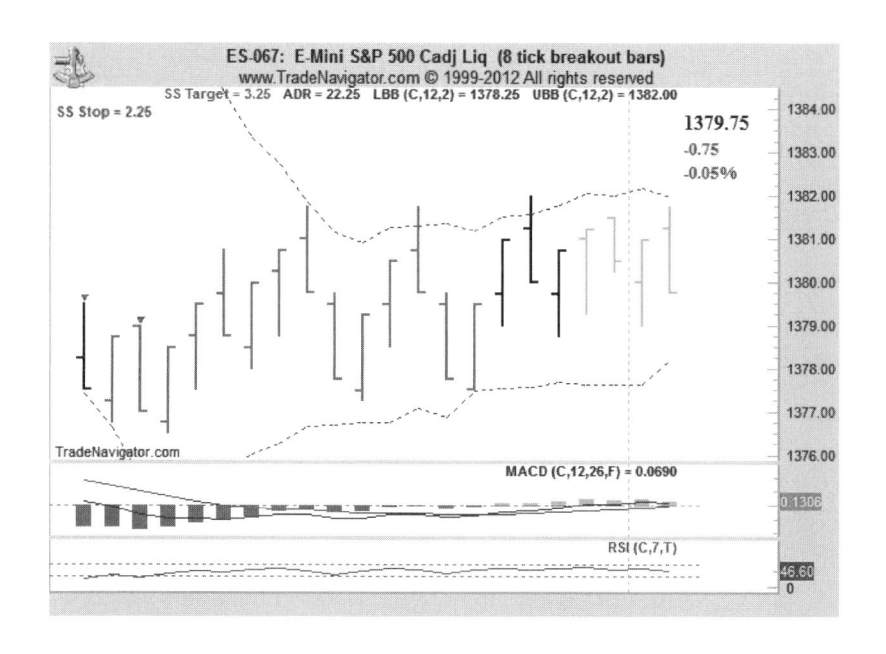

第5章　シンプル戦略のルール

次の足も上のボリンジャーバンドのはるか下のほうで引けている。まだ仕掛けられない（**図5.5参照**）。

図5.5　足は上のボリンジャーバンドからはるか下のほうで引けている

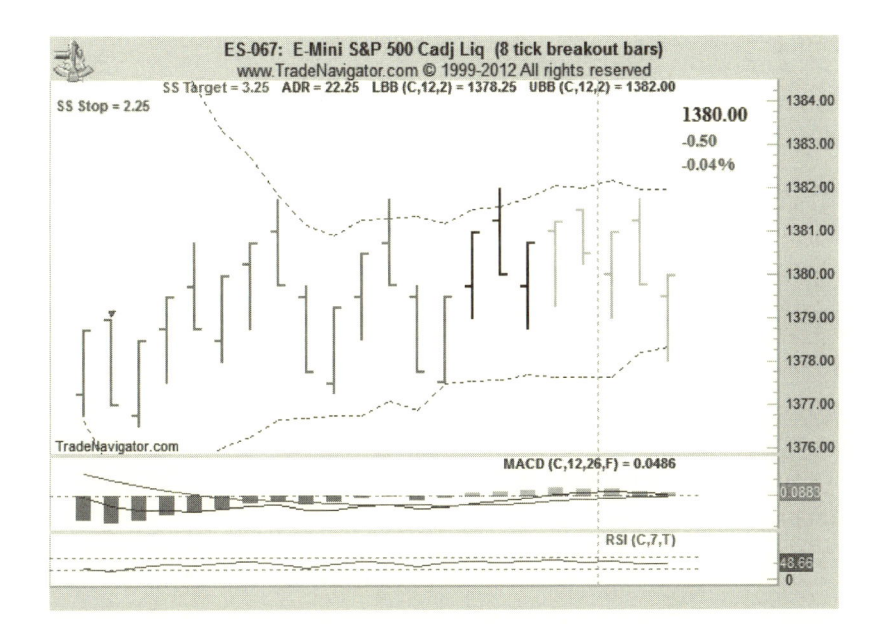

次の足はようやく上のボリンジャーバンド近くで引けた。しかも、ボリンジャーバンドは上昇している。さらに、MACDは直近６本の足がゼロラインとシグナルラインを上回っているので、その６本の足の色は緑だ。

　これでようやく仕掛けの条件が満たされたので、現在の足の高値の１ティック上に買いの逆指値注文を置く。現在の足の高値は1382.00なので、注文価格は1382.25だ（**図5.6**参照）。

図5.6　1382.25に買いの逆指値注文を置く

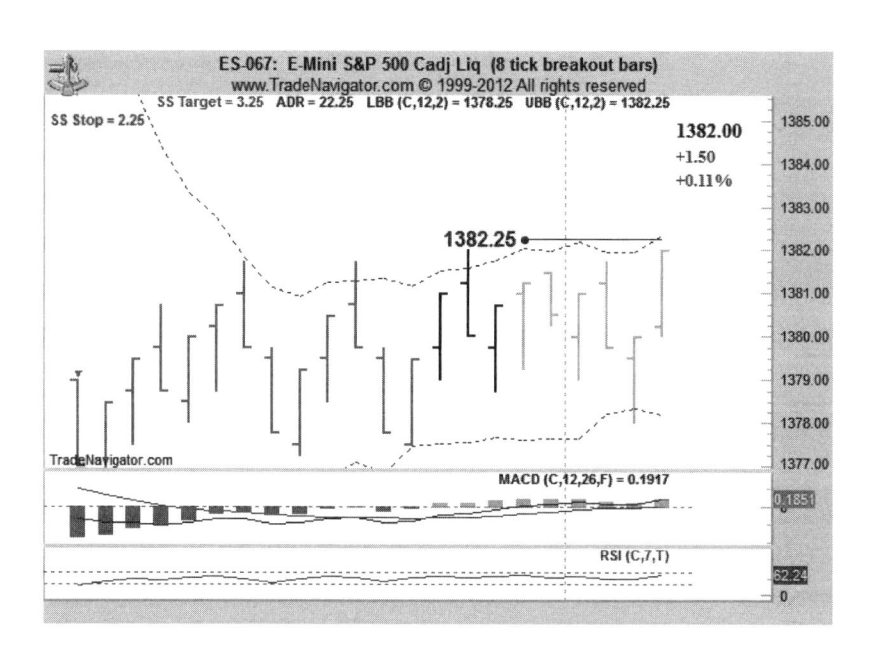

第5章　シンプル戦略のルール

　注文は次の足で執行される（**図5.7**参照）。注文が執行されたら、すぐに手仕舞い注文を入れなければならない。

図5.7　1382.25で執行される

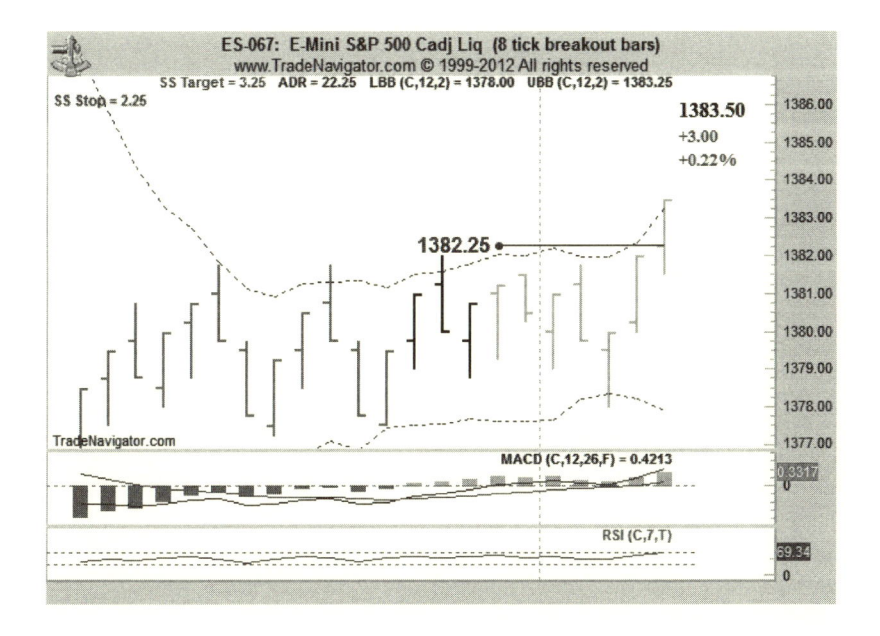

2．買いポジションの手仕舞い

ADR

　ADR（日々の値幅の平均）とは、最近のトレーディングレンジに基づいて市場がどれくらい動くかを測定したものだ。
　ADRを求めるには、まず日々の値幅を見る。日々の値幅とは、その日の高値からその日の安値を引いたものだ。ADRを計算するには、過去7期間の値幅を足して、7で割る。

　ADR＝（7期間の高値の合計－7期間の安値の合計）÷7

　ADRの数値を見れば、最近の市場の動きに基づいて、この先どういった動きが予想できるかを知ることができる。ボラティリティが低く、値幅が小さい場合、利益目標と損切りはきつめに設定し、現在の市場状態に合った手仕舞いを設定する。逆にボラティリティが高く、値幅が大きい場合、利益目標と損切りは広めに設定する。

　注意――ADRを使うトレーダーが増えているが、ADRはすべてのチャートソフトで描けるわけではない。あなたのチャートソフトがADRを表示できない場合、3つの選択肢がある。

①ADRを手動で計算する。過去7期間の値幅が入手できたら、ADRを毎日更新してADRを手動で計算するのは簡単だ。
②あなたのチャートソフトにカスタムインディケーターを作成する機能がある場合、上の計算式を使ってADRをプログラミングすることができる。カスタムインディケーター作成機能とハイライト機能のあるチャートソフトに興味があるのであれば、第14章の「資料」

を参照してもらいたい。
③真の値幅の平均（ATR。アベレージトゥルーレンジ）とADRは同じではないが、概念的には似ている。ATRを入手できて、ADRをプログラミングしたり手動で計算したくなければ、ADRの代わりにATRを使ってもよい。

利益目標と損切りの設定

手仕舞い価格を決めるにはADRを使う。ADRの15％を利益目標に、ADRの10％を損切りに設定する。

この前の買いの仕掛けの例では、ADRは22.25ポイントだ。

ADRの10％の位置に損切りを設定する。数値は最も近いティックに丸める。

$22.25 \times 0.10 = 2.25$

損切り価格　　$1382.25 - 2.25 = 1380.00$

したがって、1380.00に損切りを置く（**図5.8**参照）。

図5.8　手仕舞い注文 ── 損切りと利益目標

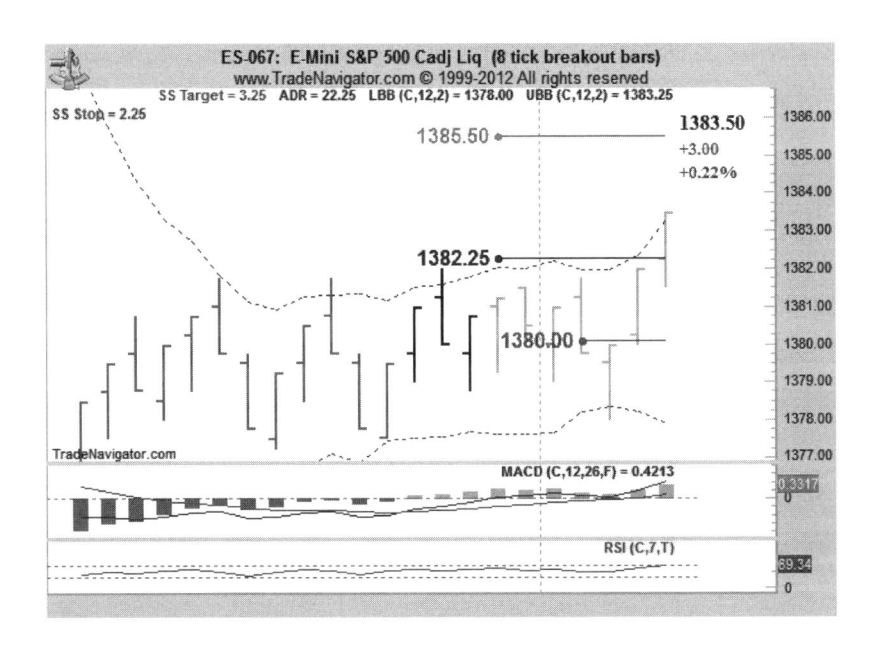

注意── ＥミニS&Pの１ポイントは50ドル。したがって、１枚当たりのリスクは112.50ドル（50ドル×2.25）。

次に、価格が私たちに有利に動いた場合の利食い注文を設定する。利益目標はADRの15％で、数値は最も近いティックに丸める。

22.25×0.15＝3.25
利食い価格　　1382.25＋3.25＝1385.50

したがって、1385.50に利食いの指値を置く（**図5.8**参照）。

この例では、トレンドが継続したとすると、3.25ポイント（1枚につき162.50ドル）の利益を得るのに2.25ポイント（1枚につき112.50ドル）のリスクをとっている。

　次の足は仕掛け価格よりも高い1384.75で引けているが、利益目標に達するにはまだ3ティックある。3.25ポイントの利益目標まであともう一押し必要だ（**図5.9**参照）。

図5.9　利益目標が視界に入ってきた

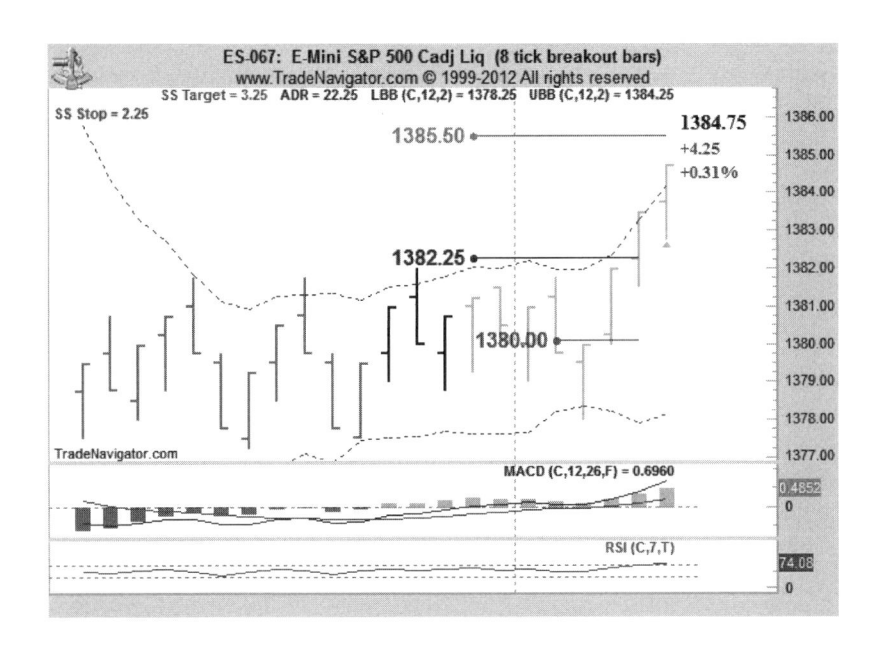

次の足は前の足よりも１ティック上昇し、1385.00で引けた。利益目標に達するまであともう２ティックの上昇が必要だ（**図5.10**参照）。
　トレードは管理しすぎてはならない。損切りも利益目標もすでに設定しているので、どちらかが執行されるまで辛抱強く待つことが重要。

図5.10　利益目標まであと２ティック

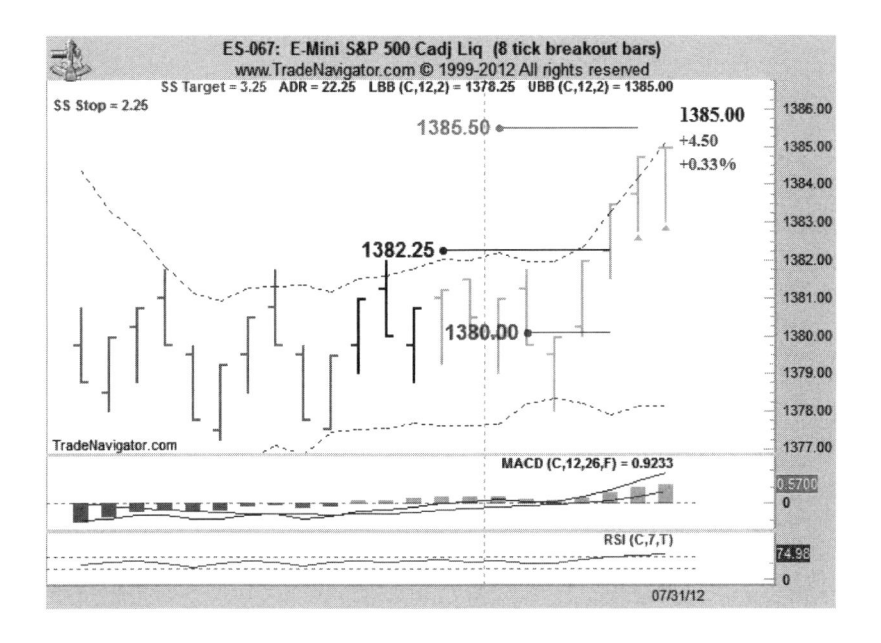

次の足でようやく利益目標に到達。この注文で3.25ポイント（1枚につき162.50ドル）の利益が出る（**図5.11**参照）。

図5.11　利益目標に達する

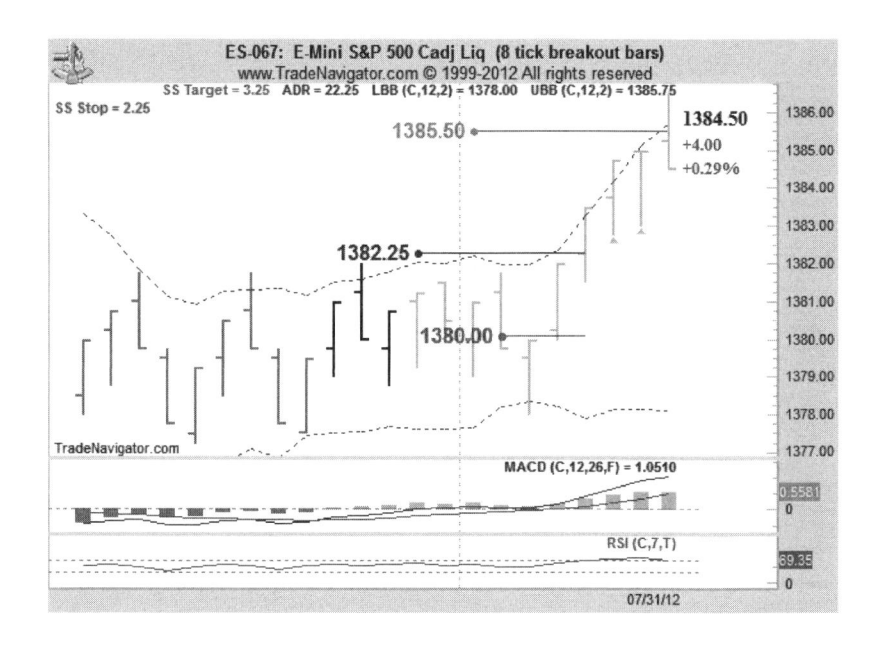

このトレードは負けトレードになる可能性もあったことに注意しよう。しかし、もし負けトレードだったとしても、損失を2.25ポイントに限定したので、損失は1枚につきわずか112.50ドルだった。

図5.12のチャートを見ると分かるように、手仕舞ったあと価格は数ティック上昇して、そのあと再び下落した。

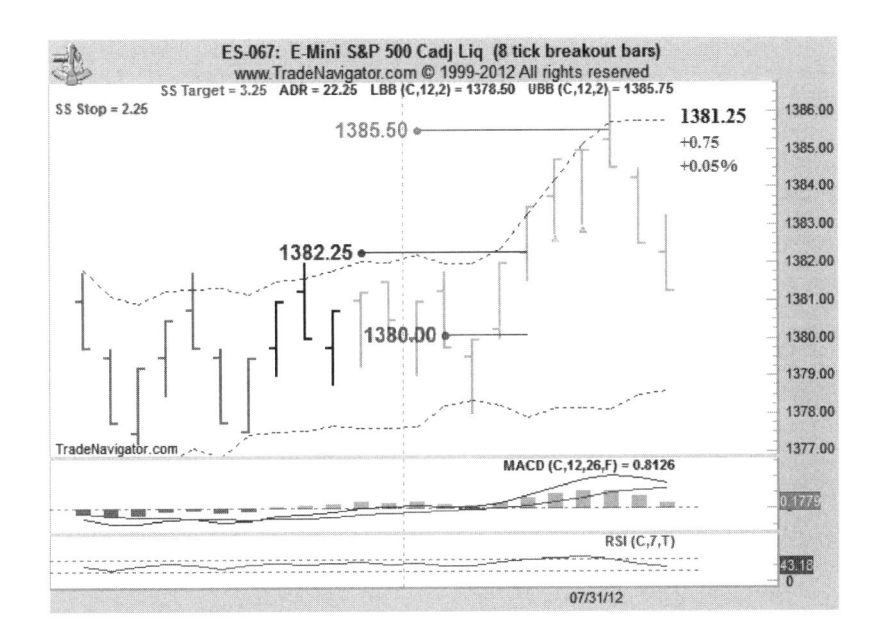

図5.12　利益目標に達したあと価格は下落

　最終的には数ドル取り損なったが、そんなことは気にする必要はない。完璧な手仕舞いなどあり得ないのだから。ほとんどは手仕舞いが早すぎたり、遅すぎたりするものだ。
　だから、利益目標を設定するのだ。利益目標を設定すれば、市場を追いかける必要はない。市場のほうから私たちに近づかせるのだ。

3．売りの仕掛け

①MACDに基づいて下げ相場であることを確認する

MACDはシグナルラインとゼロラインを下回っていなければならない。足を第4章で述べたように色付けしているのであれば、足の色は赤になっているはずだ。

②ボリンジャーバンドが下降相場を示している必要がある

下のバンドが下降トレンドになっている必要がある。

③RSIが30を下回る（37ページの「注意」参照）

7期間のRSIが30を下回っていれば、トレンドが弱いことを示している。

これらの条件がすべて満たされたら、下のボリンジャーバンドか、その近くで引ける足の安値の1ティック下に売りの逆指値注文を置く。

それでは例を見てみよう。

図5.13はＥミニＳ＆Ｐのチャートだ。市場はしばらくの間、横ばいで推移している。上昇相場を示す緑の足がいくつか現れたが（**編集部注**　足の下に●を付けたのが緑の足）、下のボリンジャーバンドかその近辺で引けていないので、まだ仕掛けられない。

チャートの一番右端を見ると、MACDがゼロラインとシグナルラインを下回っている。したがって、足は赤になっているはずだ。これは下降相場を示している。

図5.13　赤い足は下降相場を示す

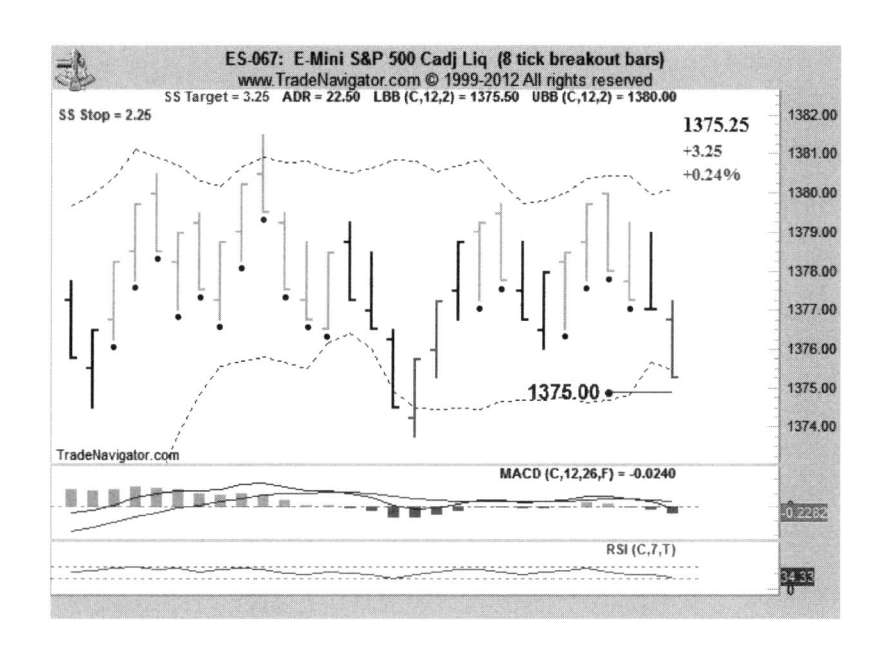

現在の足は下のボリンジャーバンドで引けている。終値は1375.25なので、ここで安値（終値）よりも１ティック安い1375.00ドルに売りの逆指値注文を置く。

注意──下のボリンジャーバンドが本当に下降していることを確認するためにもう１つ足を待ちたければ、そうしてもよい。その場合、売値は1374.50ドルになる（**図5.14**参照）。

図5.14　もう１つ足を待って売りを仕掛ける

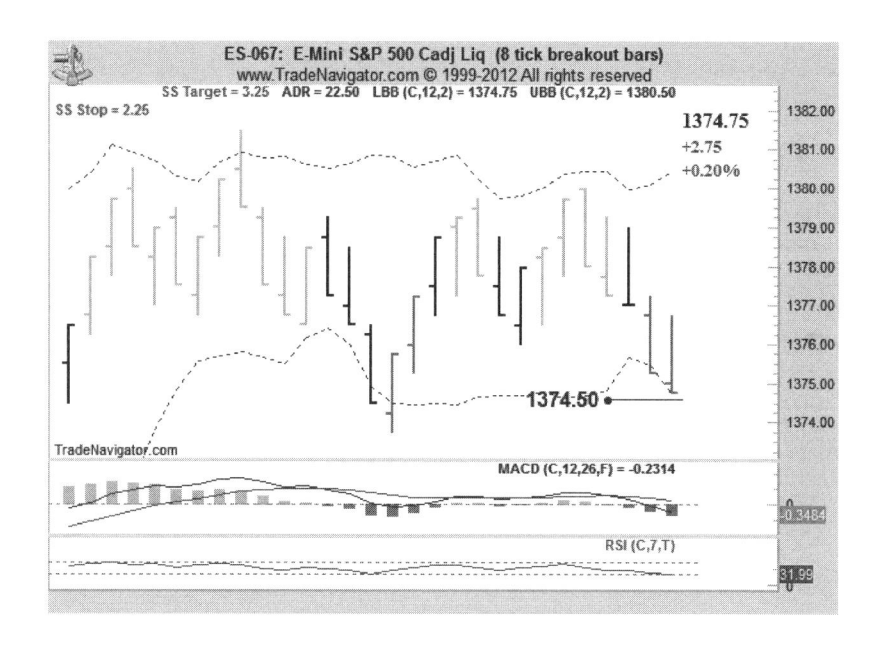

次の足の寄り付きで執行された。執行価格は1374.50ドルだ。執行されたらすぐに手仕舞い注文を入れる。

4．売りポジションの手仕舞い

　売りポジションの手仕舞い注文を入れるときも、考え方は買いポジションの手仕舞いと同じだ。

- 損切りをADRの10％に設定する
- 利益目標をADRの15％に設定する

　この例では、EミニS&PのADRは22.50だ。
　ADRの10％に損切りを設定する。数値は最も近いティックに丸める。

　22.50×0.10＝2.25
　損切り価格　　1374.50＋2.25＝1376.75

　したがって、仕掛けた価格よりも2.25ポイント高い1376.75に損切り注文を置く（**図5.15**参照）。

　注意──EミニS&Pの1ポイントは50ドルだから、1枚当たりのリスクは112.50ドル。

図5.15　損切りを置く

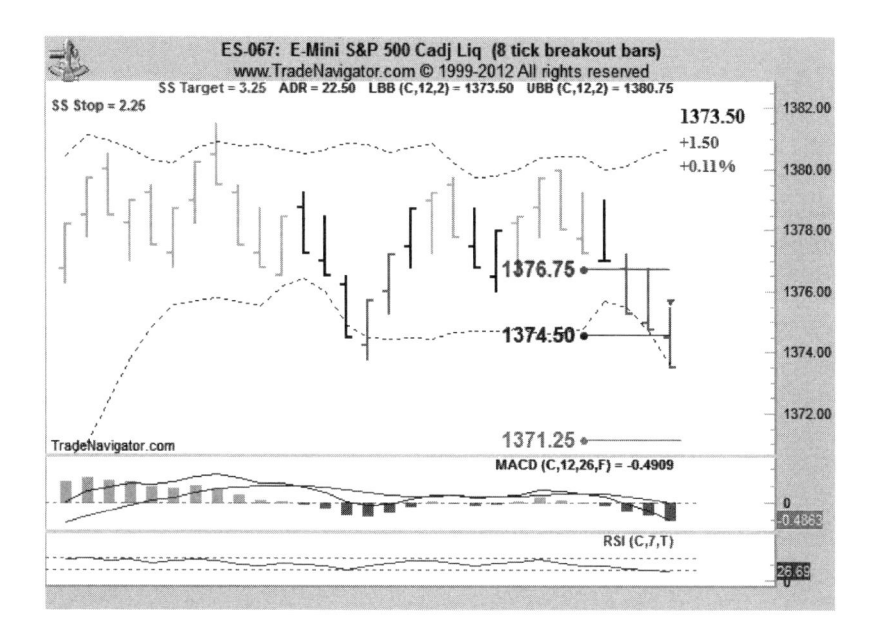

次に、価格が私たちに有利に動いている場合の利食い注文を置く。利益目標はADRの15％で、数値は最も近いティックに丸める。

22.50×0.15＝3.25
利食い価格　　1374.50－3.25＝1371.25

したがって、1371.25ドルに利食いの指値注文を入れる（**図5.16**参照）。

図5.16　価格が利益目標に近づいている

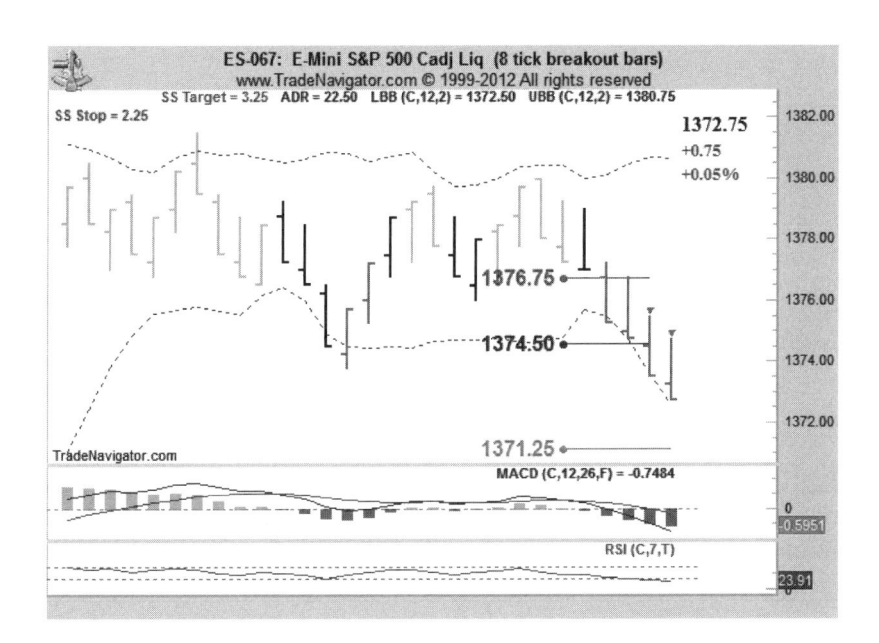

次の足で価格は利益目標に達する。これで１枚当たり3.25ポイント（162.50ドル）の利益になる（**図5.17**参照）。

図5.17　価格が利益目標に到達

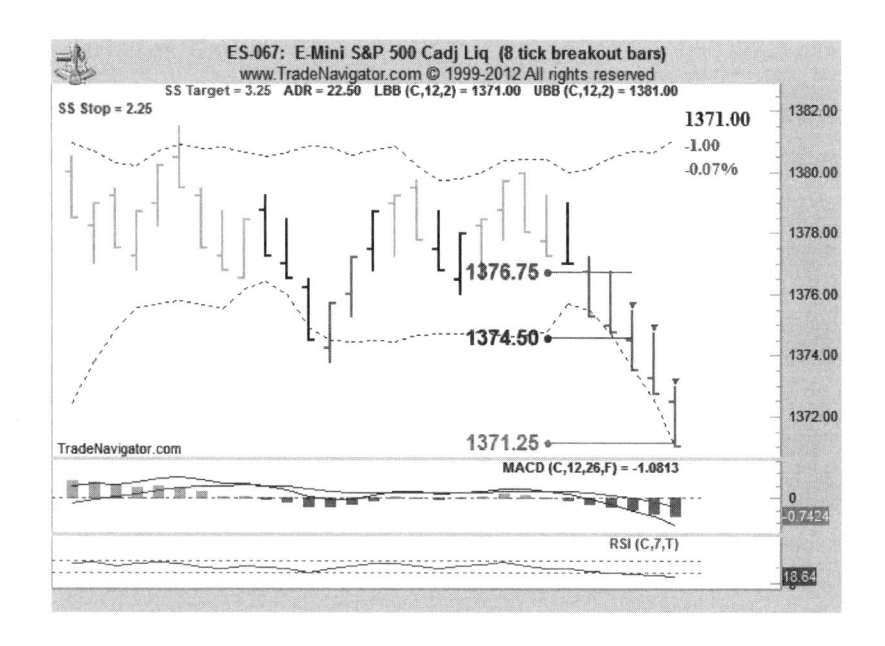

チャートを見ると分かるように、価格は利食いしたあと少し下落して反転した（**図5.18**参照）。

図5.18　市場は利食いのあと少し下落して反転

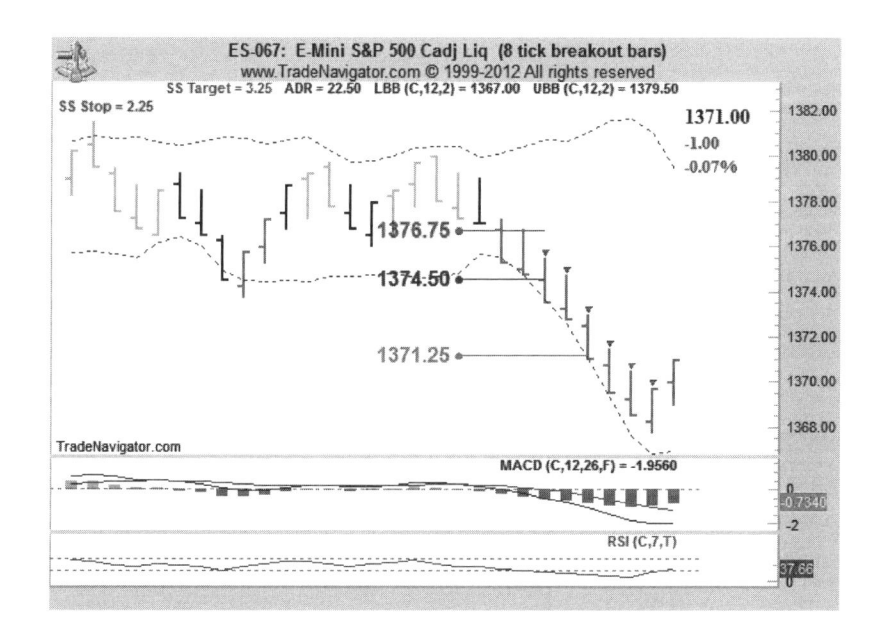

利益は少し取りこぼしたが、それでもまったく構わない。手仕舞いは早すぎるか、遅すぎるのが普通だ。トレンドを全部とらえることなど不可能だ。全部とらえようとすれば、利益を不必要に市場に戻してしまうことになる。仕掛けたらすぐに手仕舞い注文を置かなければならないのはこのためだ。手仕舞い注文を置いたら、あとは市場に任せればよい。

　この短期的な動きからは幾ばくかの利益を手にすることができた。次のトレード機会もすぐそこまで来ている。

第6章

そのほかの市場における
レンジバーの設定

Determining Range Bar Setting For Other Markets

すでにお分かりにように、レンジバーは市場を見るための強力なツールだ。しかし、普段あまりトレードしない市場で適切なレンジバーを決めるには、ある程度の検証と経験が必要だ。

新しい市場において適切なレンジバーを設定するのに私たちが使っている方法は以下のとおりである。

ステップ1　過去3〜6カ月のADRを計算する

市場のボラティリティも値幅も絶えず変化している。ボラティリティが少し変化するたびにレンジバーの設定を変える必要はないが、今の値幅が「正しい」かどうかは知っておく必要がある。過去30期間をさかのぼってADRを見ることは、最近のADR（日々の値幅の平均）がトレードしようと思っている市場にとって適切かどうかを知るうえで役立つ。

例　Eミニダウ（YM）のADRの値が次のようなものだったと仮定しよう。

　6月14日　　ADR＝230
　5月14日　　ADR＝108
　4月14日　　ADR＝128

これらの値からADRの「平均」は次のように計算することができる。

230＋108＋128＝466÷3＝155.3

ステップ２　ADRの10％から始める

　新しいレンジバーは、指定した値幅を価格が超えたら形成される。つまり、レンジバーの値を大きく設定すれば、バーの生成数は少なく、レンジバーの値を小さく設定すれば、多くのバーが生成されるということである。バーの生成数が少ないとトレード機会は限定され、シグナルの発生が遅れる。逆に、バーの生成数が多いとダマシのシグナルが発生しやすくなるため、トレードが非常に難しくなる。

　適切なレンジバーを設定するには、「スイートスポット」がある。私たちの経験から言えば、最良の設定値は市場によって異なるが、ADRの10％辺りに最適点が見つかることが多い。

　例　ステップ１で過去３カ月のADRの平均を計算した。この平均の10％は15.53（155.3×0.10＝15.53）だ。数値を切り上げて、この市場ではレンジバーの設定は16から始める。

　注意──簡単にするために、ステップ１を飛ばして、レンジバーを現在のADRの10％から始めることもできるが、その場合、ADRは通常よりもかなり大きく見積もる可能性がある。例えば、レンジバーを６月14日のADRの10％から始めたとすると、レンジバーは23ティックになる（230×0.10＝23）。このレンジバーは現在の市場状態においては良いかもしれないが、値幅が通常の値幅に戻れば、将来的に調整が必要になることもある。

ステップ３　シンプル戦略のシグナルをテストする

　適切なレンジバーの設定値をどう決めようと、横ばい相場を避けて、トレンドが強いときに市場に参入できるようなシグナルを与えてくれ

るようなレンジバーを設定することが重要だ。この最後のステップでは、シグナルを見直して追加的検証を行う。

　「シンプル戦略」の手仕舞いルールを用いれば、勝率が50％でも利益を手にすることができる。すべてのトレードが勝ちトレードになることはない。私たちが目指すものは、50〜60％の時間帯で利益が出るような設定だ。シグナルを異なる市場状態で評価するには、新しい市場では最低40回のトレードでテストを行うとよいだろう。この数は多ければ多いほどよい。

第7章

時間足によるトレード

Trading With Time Bars

仕事を成し遂げるためには正しいツールを準備することが重要だ。家にペンキを塗るとき、小さな刷毛しかなければ、家にペンキを塗ることはできるだろうか。小さな刷毛でもやれないことはないが、正しいツールがあれば節約できた多くの時間とエネルギーを無駄にすることになるだろう。チャートソフトについても同じことが言える。

基本的な機能を提供してくれるチャートソフトはある。それがそのチャートソフトの限界である。しかし、トレードにおけるあなたの相手は世界最速のコンピューターと世界一賢い人々なのだ。

市場でお金儲けをするのに、最も賢明である必要はなく、最も有能な人物である必要もないが、機会を見つけ、自分のプランを実行することができなければならない。レンジバーは、デイトレードにおいてはほかのタイプのチャートよりも非常に有利だ。あなたのトレードプランをトレードするための正しいトレーディングツールを持つことが重要だ。レンジバーは今では、主なチャートソフトのほとんどで表示できるようになっている。

デイトレードではレンジバーを使うのがよいが、「**シンプル戦略**」は時間足を使ってもトレードすることができる。

時間足を使うときに注意すべきこと

シンプル戦略のシグナルを探すとき、まずは５分足チャートから始めるのがよいだろう。しかし、市場はそれぞれに特徴を持つため、３分足チャート、あるいは10分足チャート、15分足チャートでも、シグナルを見直すとよいかもしれない。あなたが使っている時間枠で、ダマシのシグナルがあまり発生することなく、強いトレンドを見つけることができるかどうかテストしてみよう。

「**シンプル戦略**」でレンジバーを使う大きなメリットは、次の足がいつ始まるのかを予測できることだ。指定した値幅を超えると、１つ

の足が完成して、新しい足が始まるので、注文を入れてから市場があなたのところにやってくるのを待つことができる。これは時間足では不可能だ。

　時間足では、次の足の始値がいくらになるのか予測することはできないし、足が形成されている途中にその足の安値や高値を予測することもできない。このため、時間足で真のシグナルを得るためには足が完成するまで待たなければならない。足が完成すると、次のうちのいずれかを行うことができる。

1．ボリンジャーバンドで仕掛けの注文を入れる

　シグナルは有効だが、足がボリンジャーバンドの内側で引けたときは、ボリンジャーバンドの値で仕掛けの注文を入れる。例えば、上昇トレンドでテキストどおりに仕掛けのシグナルが発生し、足が上のボリンジャーバンドの下で引けたら、上のボリンジャーバンドの値で買いの逆指値注文を置き、注文が執行されるのを待つ。注文が執行されずにその足が完成したら、シグナルがまだ有効なら注文価格を調整すればよい。しかし、市場状態が変わりシグナルが無効になったら、注文を取り消して新たな機会を待つ。

　下降トレンドのときも同じだ。有効な売りシグナルが発生し、足が下のボリンジャーバンドの上で引けたら、下のボリンジャーバンドの値のところに売りの逆指値注文を置く。

　では、買いシグナルの例を見てみよう。

第7章　時間足によるトレード

図7.1　上のボリンジャーバンドで買いの逆指値注文を置く

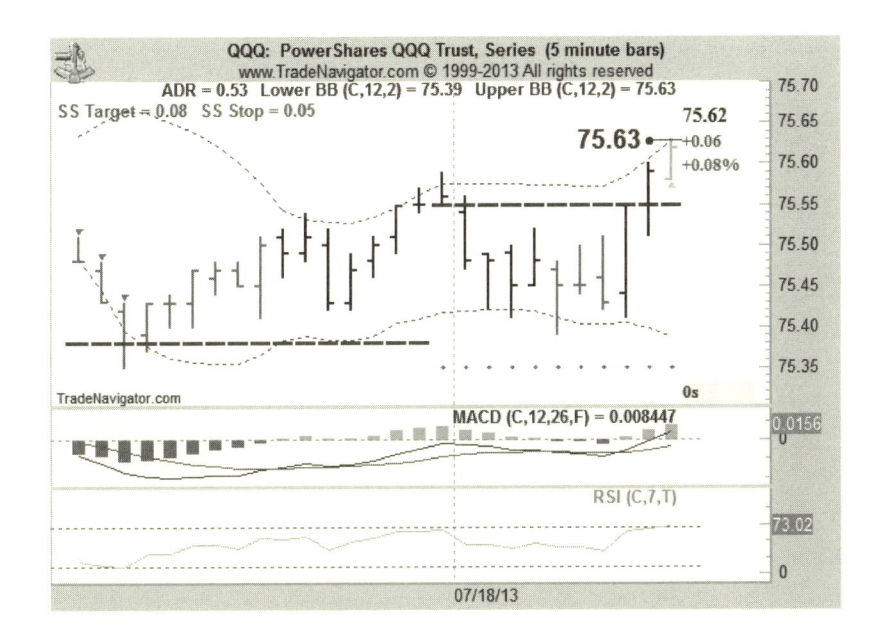

図7.1はQQQの5分足チャートだ。シグナル足は75.62で引けたが、上のボリンジャーバンドの値は75.63だ。足が上のボリンジャーバンドの値で引けていないので、上のボリンジャーバンドを仕掛けポイントに使う。つまり、75.63に買いの逆指値注文を置くということだ。

価格がもう少し上昇すれば、注文は75.63辺りで執行されるはずだ。ADR（日々の値幅の平均）は0.53だ。したがって、損切りはADRの10％（5ティック）の75.58に設定し、利益目標はADRの15％（8ティック）なので75.71に設定する。

図7.2　利益目標の75.71に到達

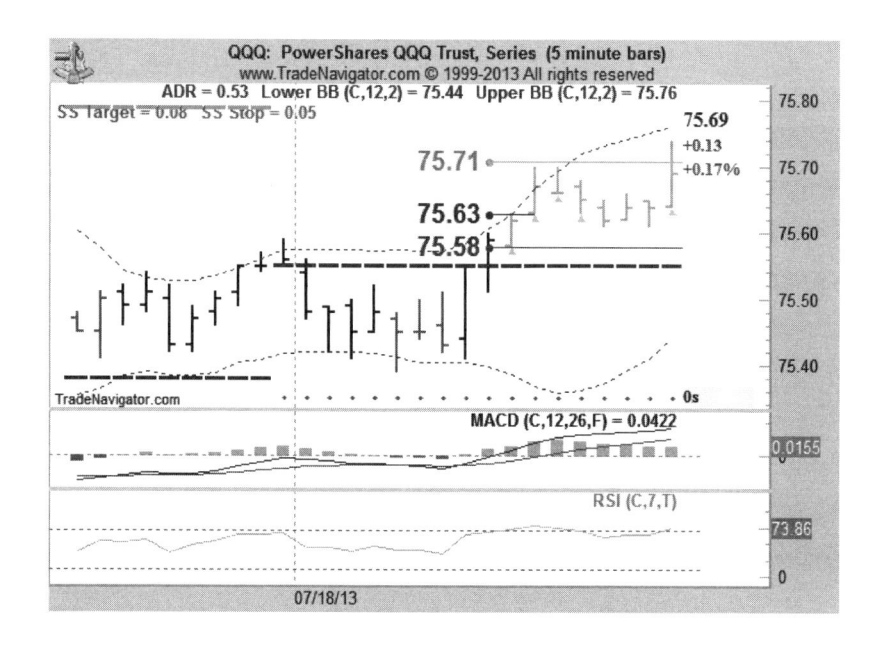

２．成り行き注文を使って仕掛ける

　レンジバーを使っているときのシグナルのように、足が上のボリンジャーバンドや下のボリンジャーバンドで引けることもある。このような場合は、成り行き注文を使って仕掛ける。
　例を見てみよう。

図7.3　売りシグナルを成り行き注文で仕掛ける

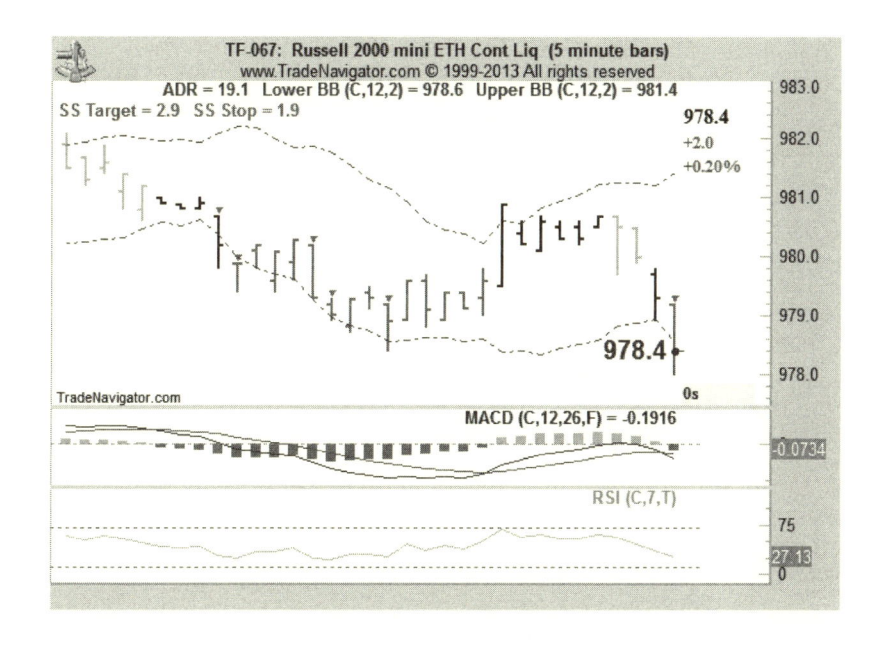

　図7.3では、足は下のボリンジャーバンドの下で引けている（下のボリンジャーバンドは978.60で、足は978.40で引けている）。足が下のボリンジャーバンドの上で引けた場合、下のボリンジャーバンドで売りの逆指値注文を置けばよいが、足は下のボリンジャーバンドよりも2ティック下で引けているので、売りの成り行き注文で直ちに仕掛ける。

注意──ボリンジャーバンドで、あるいはボリンジャーバンドの外側で引けた有効なシグナルがある場合、時間足を使っている場合の最も簡単な仕掛けは、成り行き注文で仕掛けることだ。

図7.4　成り行き注文で仕掛けたときの利益目標と損切り

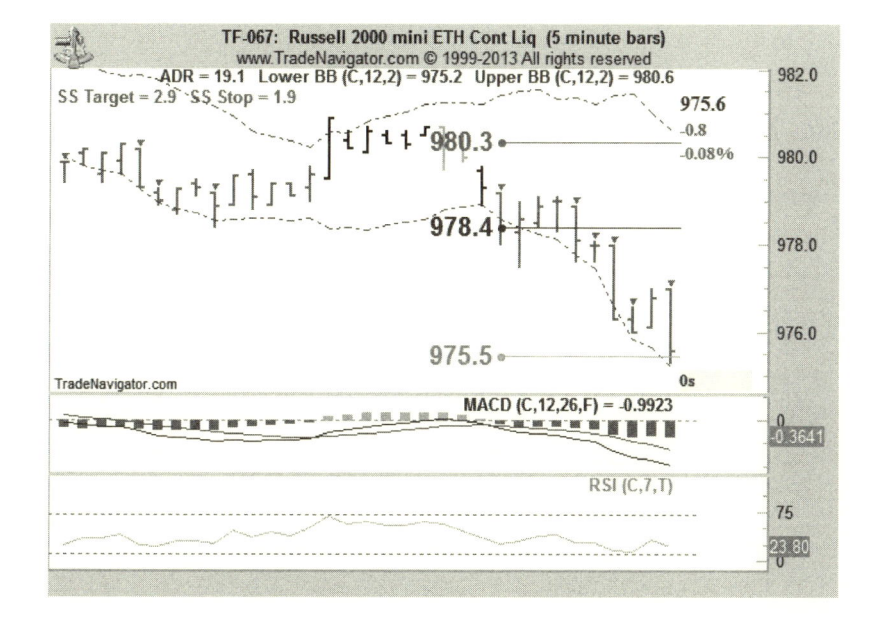

上昇トレンドでも同様だ。

図7.5　買いシグナルを成り行き注文で仕掛ける

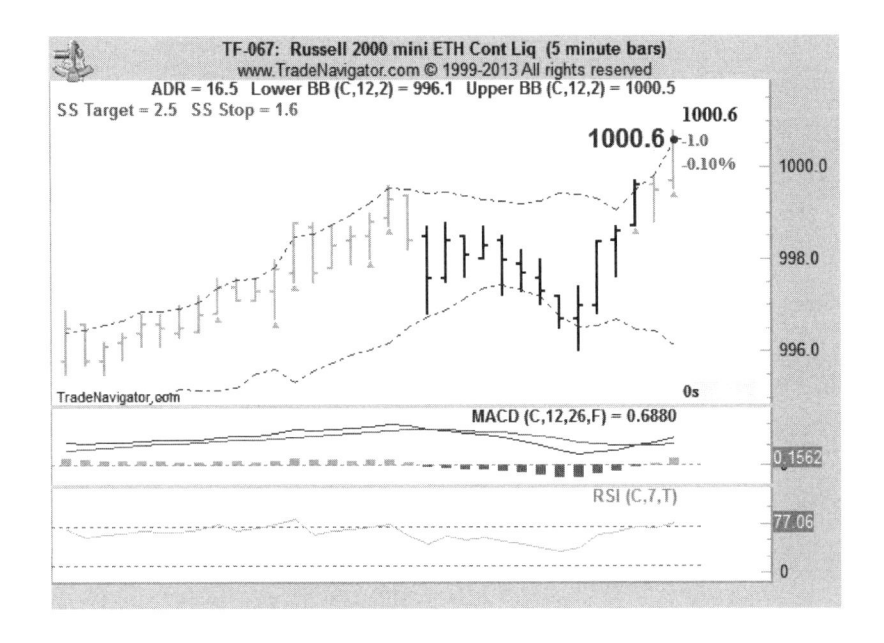

図7.5では、価格が上のボリンジャーバンドに達したときに有効な買いシグナルが発生している。上のボリンジャーバンドの値が1000.5で、足は1000.6で引けているので、成り行き注文で仕掛ける。

図7.6　1000.6で仕掛けたときの利益目標と損切り

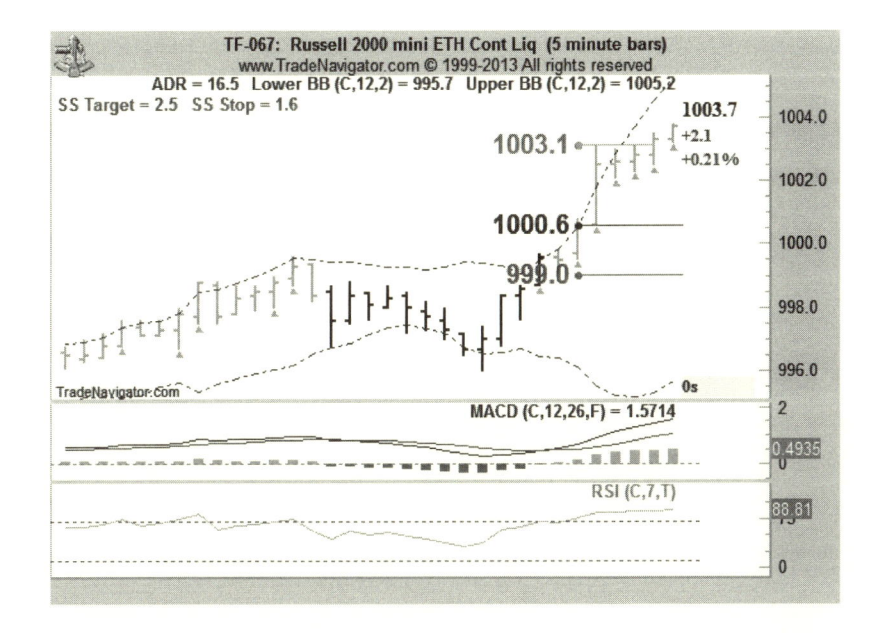

　注意――成り行き注文で仕掛けたときにはスリッページ（期待する仕掛け価格と実際の執行価格との差）が発生する。期待している価格よりも悪い価格で執行された場合、損切りと利益目標は期待する仕掛け価格ではなく、実際の執行価格に基づいて設定しなければならないことに注意しよう。

第8章

FXをシンプル戦略でトレードする方法

How to Trade Forex with "The Simple Strategy"

「**シンプル戦略**」でFXをトレードするときも、第5章で述べたルールが適用できる。

1. MACD（移動平均収束拡散法）を使って市場の基調となる方向を見つける。
2. 価格が上のボリンジャーバンドや下のボリンジャーバンドに達したら、買いシグナルや売りシグナルを見つける。価格が達したボリンジャーバンドが仕掛けの価格になる。
3. ADR（日々の値幅の平均）を算出し、ADRの10％を損切りに設定し、ADRの15％を利益目標に設定する。

　幸運なことに、FXのチャートソフトは、レンジバーを表示できる機能を備えたものが増えている。あなたのチャートソフトがレンジバーを描けないのであれば、レンジバーが描けるソフトにアップグレードするとよいだろう。あるいはレンジバーの代わりに時間足を使ってもよい。

　それでは5分足チャートを使ってEUR/USDの買いの仕掛けの例を見てみよう。

図8.1　上のボリンジャーバンドで買いの成り行き注文を仕掛ける

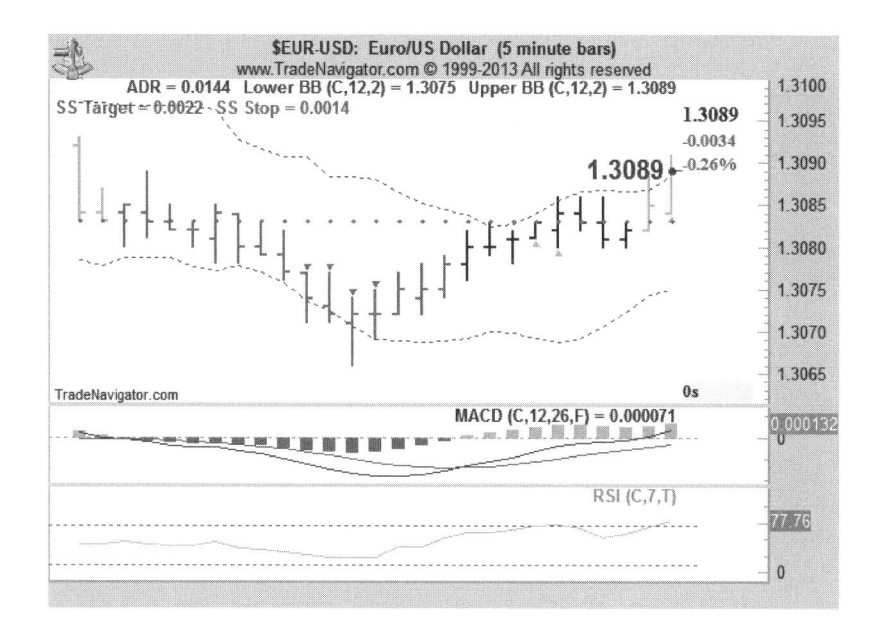

図8.1はEUR/USDの5分足チャートである。この例では、足は上のボリンジャーバンドで引けている。このケースでは買いの成り行き注文を使って仕掛ける。1.3089で仕掛けたとすると、ADRに基づいて利益目標と損切りを設定する。

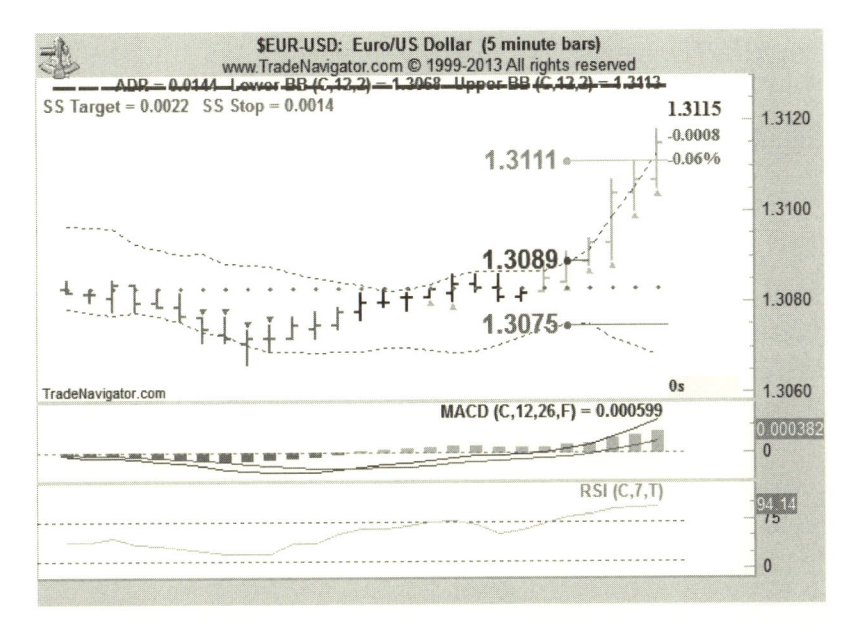

図8.2　価格が上昇して買いの成り行き注文が執行される

　この日はADRは144ピップスなので、損切りは仕掛けから14ティック（ADRの10％）下に設定し、利益目標は仕掛けから22ティック（ADRの15％）上に設定する。

　あなたのブローカーによって提示されたビッド・アスク・スプレッドによって1.3089よりも高い位置で仕掛けたら、損切りや利益目標の設定位置は調整しなければならない。損切りや利益目標は実際の執行価格に基づいて設定しなければならないことに注意しよう。

次に、USD/JPYの例を見てみよう。

図8.3　シンプル戦略によるUSD/JPYの仕掛け

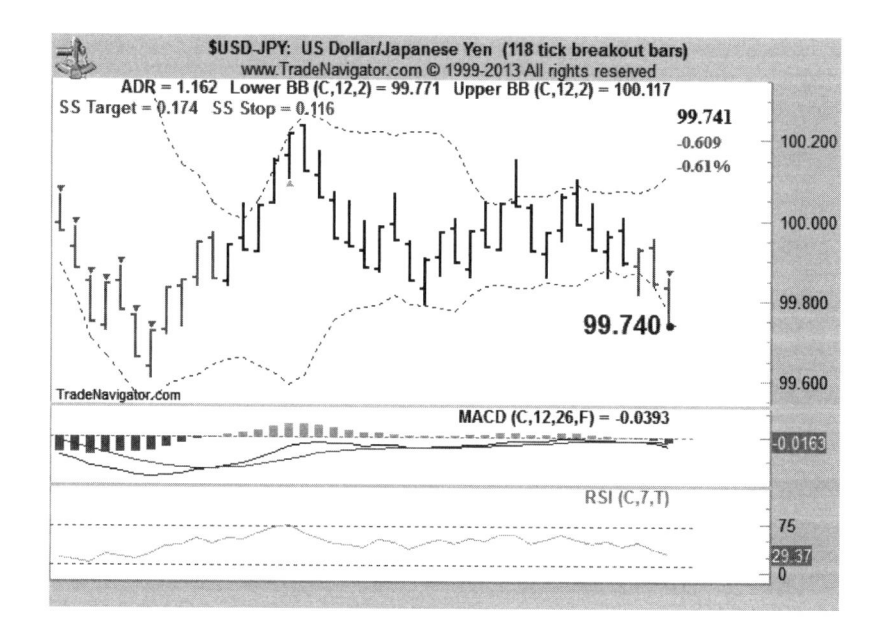

レンジバーのサイズとしてADRの10％を用いる（第6章の「そのほかの市場におけるレンジバーの設定」を参照）。したがって、118ティックのレンジバーを使ってUSD/JPYのチャートを表示させる。シンプル戦略の有効な売りシグナルを使って、足の安値よりも1ティック安い99.740に売りの逆指値注文を置く。

図8.4　USD/JPYの手仕舞い

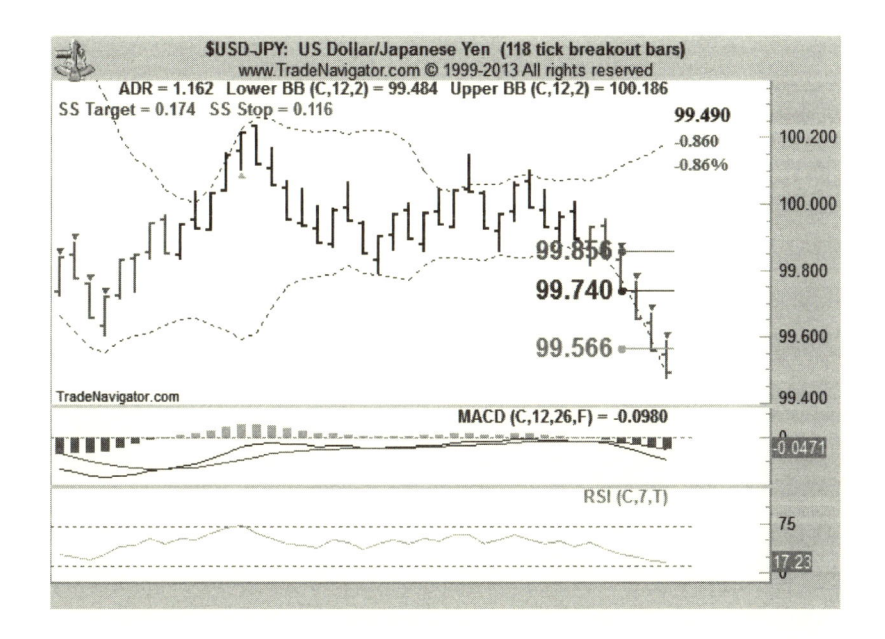

注文が執行されたら、USD/JPYの売りポジションが建つ。現在のADR（1.162）に基づき、損切りの逆指値は0.116（ADRの10％）に置き、利食いの指値は0.174（ADRの15％）に置く。市場がこのまま下落し続ければ、利益目標に達する。

第9章

シンプル戦略による株式とETFのトレード

How to Trade Stocks and ETFs with The Simple Strategy

私は個人的には、**「シンプル戦略」**をレバレッジのかかった市場で使うのが好きだ。レバレッジをかければ、例えば500ドルといった少額でも比較的大きなポジションを持てるからだ。トレードがうまくいけば、日中の動きが小さくてもレバレッジによって大きなリターンを得ることができる。もちろん、レバレッジはもろ刃の剣だ。レバレッジによって大きなリターンを得ることもできるが、リスクも大きくなる。

レバレッジ市場よりも株式やETF（上場投信）を好む場合、シンプル戦略をトレードするには次のことに注意する必要がある。

1．ギャップ

ギャップとは、前日の終値と翌日の取引の始値との差のことを言う。ギャップが発生するのは、オーバーナイトで市場に動きが生じるためだ。24時間チャートを使っている場合、オーバーナイトで何が起こったのかを知ることができる。もっと重要なのは、あなたの使っているインディケーターの計算には最も直近の市場の動きが含まれることだ。

米国の取引時間のトレードのみを示すチャート（株式チャートでは一般的）でトレードしている場合、その取引時間の開始時点におけるインディケーターは前日のデータを使って計算される。ギャップのあとのシグナルは、オーバーナイトの動きではなく、前日の取引時間のデータに基づくため、ギャップのあとの仕掛けのシグナルは当てにならないこともある。

さらに複雑なのは、多くのトレーダーはギャップが埋まることを期待してトレードしていることだ。そのため、取引時間が始まると優柔不断になったり、不安になったりする。

こういった理由によって、株式とETFをトレードするときには次のフィルターとルールを使うとよい。

ギャップが損切りよりも大きいときはトレードは見合わせる

ギャップが損切りよりも大きいときは、黒い足を待ってから仕掛ける。黒い足は優柔不断や方向転換の可能性を表すものだ。ギャップのあと黒い足が発生したら、次のシグナルは強力な仕掛けのシグナルになり、トレンドが続くサインになる。

図9.1　フェースブックは寄り付きで大きく上にギャップを空ける

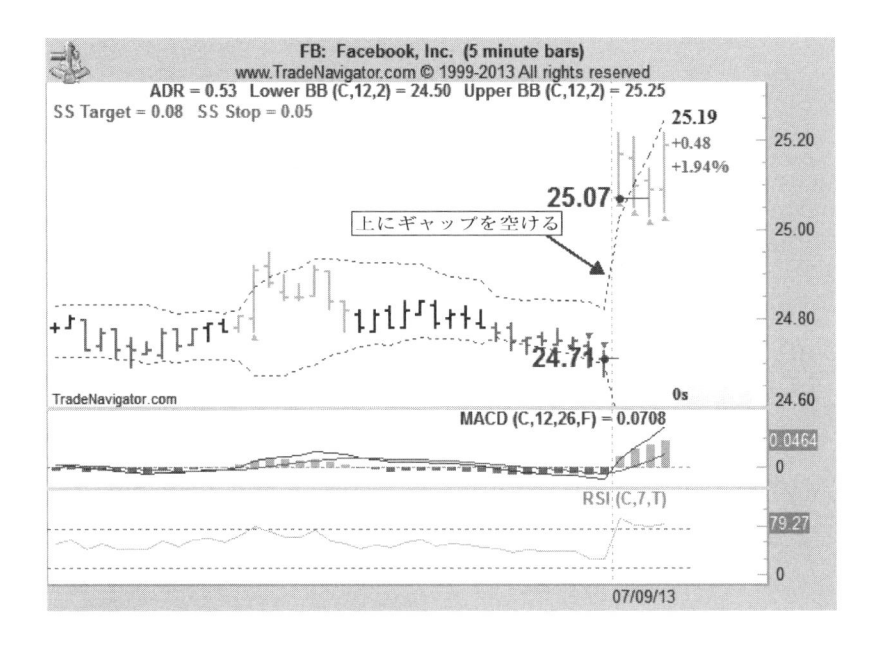

図9.1のチャートを見るとフェースブック（FB）は36セントも上にギャップを空けて寄り付いている。現在のADR（日々の値幅の平均）に基づけば、損切りは5セントだ。このような場合、市場がギャップを埋めようと少し動いただけでもあなたは損切りに引っかかってしまう。したがって、最初の買いシグナルは見送って、黒い足と次のトレ

ンドを待つのがよい(寄り付きから4本の足はすべて緑でまだ黒い足は出ていない)。

ギャップが埋まったあとで仕掛ける

ギャップが損切り幅よりも小さい場合、あるいはギャップが取引時間の最中に埋まったら、標準的なシンプル戦略シグナルに基づいてトレードする。このような状況では、ギャップを埋めようとするトレーダーからのプレッシャーが少ないため、トレンドが始まる可能性が高い。

図9.2　取引時間の最初の足でギャップが埋まる

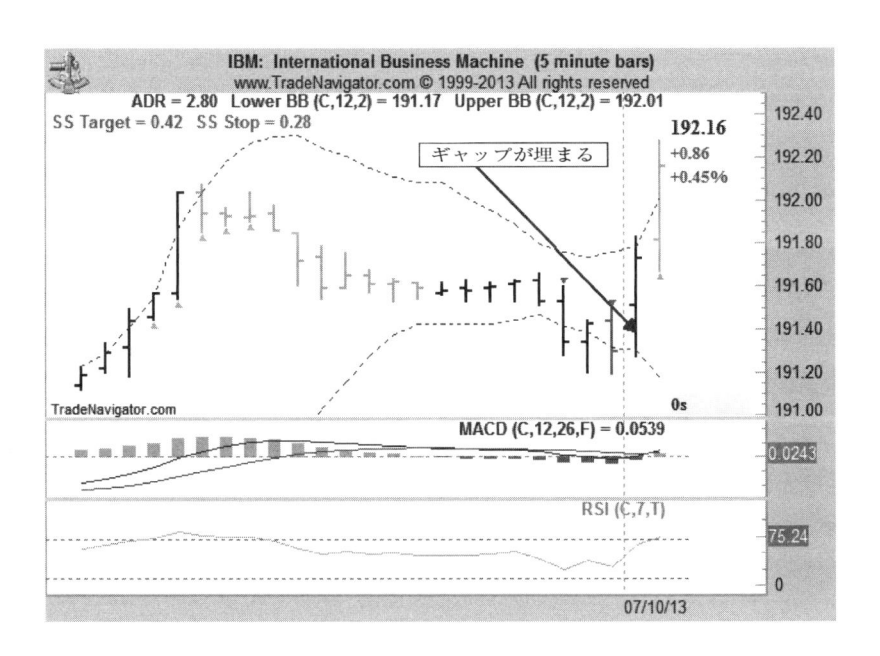

図9.2を見ると分かるように、取引時間の最初の足（右から２番目の黒い足）の安値が前日の取引時間の終値に等しいか、それよりも安いとき、ギャップは埋まる。ギャップが埋まったあと、次の足が仕掛けのシグナルになる。

その取引時間の最初の足がリバーサルバーの場合、ギャップは無視する（アグレッシブな戦略）

　市場が大きく上にギャップを空けて寄り付いたあと、取引時間の最初の足の寄り付きを下回って引ける足をリバーサルバーという。市場が大きく下にギャップを空けて寄り付いた場合は、この逆だ（取引時間の最初の足の寄り付きを上回って引ける）。こういった状況では、市場は懸命にギャップを埋めようとプレッシャーをかけてくるため、シンプル戦略のシグナルが発生する可能性は低い。市場が反転するほどの強さを持ち、リバーサルバーのあと高値を更新したり、安値を更新したりすれば、トレンドが形成される可能性が高い。このセットアップは黒い足を待ったり、ギャップが埋まるのを待つよりもよりアグレッシブだが、リバーサルバーのあとに有効なシンプル戦略のシグナルが発生すれば仕掛けを考えてもよい。

図9.3　市場は上にギャップを空け、最初の足は寄り付きよりも安く引ける（リバーサルバー）

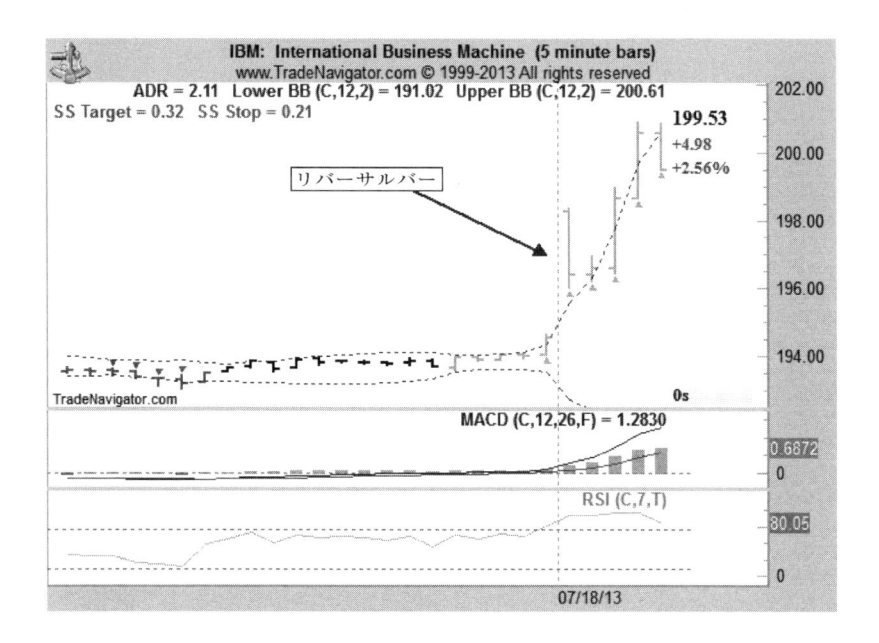

図9.3のチャートを見ると、IBMは取引時間の始まりで上にギャップを空けている。取引時間の最初の足は寄り付きよりも安く引けているため、これはリバーサルバーだ。アグレッシブなトレーダーは次のシグナルで仕掛けてくる可能性が高い。

２．株式の仕掛けルールの変更

　レンジバーで株式をトレードするとき、標準的な仕掛けのルールが適用される（第５章を参照）。しかし、時間足を使っている場合、足がいくらで引けるのかを「予測」することはできない。第７章の「時間足によるトレード」では、時間足と実際のボリンジャーバンドを仕掛けポイントとして使ってシンプル戦略でトレードを仕掛ける方法について説明した。株式をトレードするときもこれと同じように考えればよいが、トレーダーによっては、これから話すブレイクアウト戦略を好む人もいる。

図9.4　足の高値の１セント上に置いた買いの逆指値注文

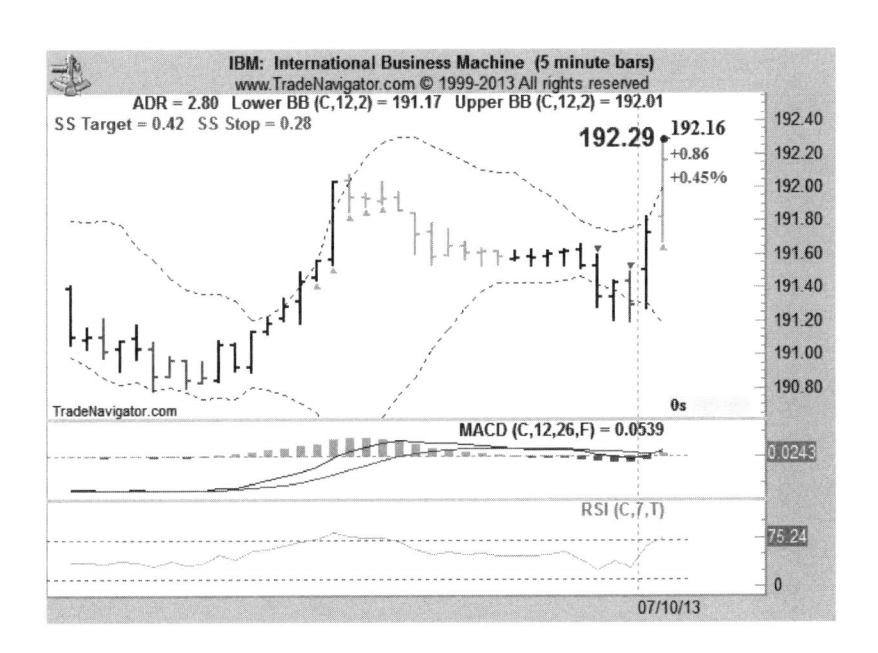

図9.4の例では、この取引時間の最初の5分足は192.16ドルで引けている。この場合、第7章で述べたように成り行き注文で仕掛ける代わりに、足の高値の1セント上の192.29ドルに買いの逆指値注文を置く。価格が192.29ドルよりも上昇すれば、トレードは執行される。逆に、価格が下落して仕掛けが無効になったら、注文を取り消す。

図9.5　買いの逆指値注文が執行される

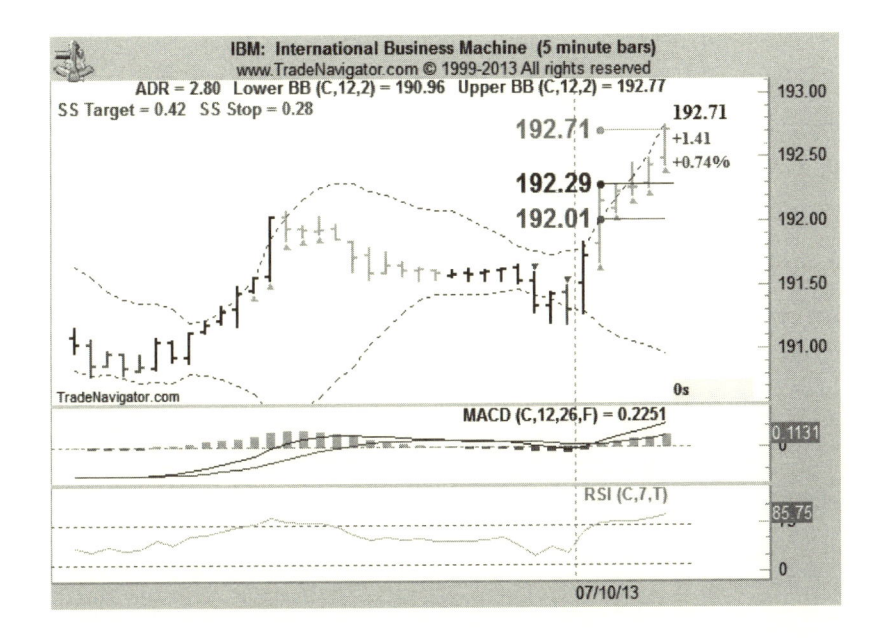

図9.5のチャートを見ると、価格が注文価格よりも上昇しているので、私たちの買いの逆指値は執行された。192.29ドルで執行されたとすると、ADRに基づいて利益目標を0.42に、損切りを0.28に設定する。つまり、利食いの指値は192.71ドルに置き、損切り逆指値注文は192.01ドルに置くということである。

図9.6 シグナルバーの安値よりも1セント下落したら売りの逆指値注文を置く

下降相場でも同じルールが適用できる。この場合、足の安値の1ティック下に売りの逆指値注文を置く。この例では、足は192.83ドルで引け、足の安値は192.68ドルである。このブレイクアウト戦略によれば、売りの逆指値は足の安値より1ティック下の192.67ドルに置くことになる。

図9.7　売りの逆指値注文は執行されない

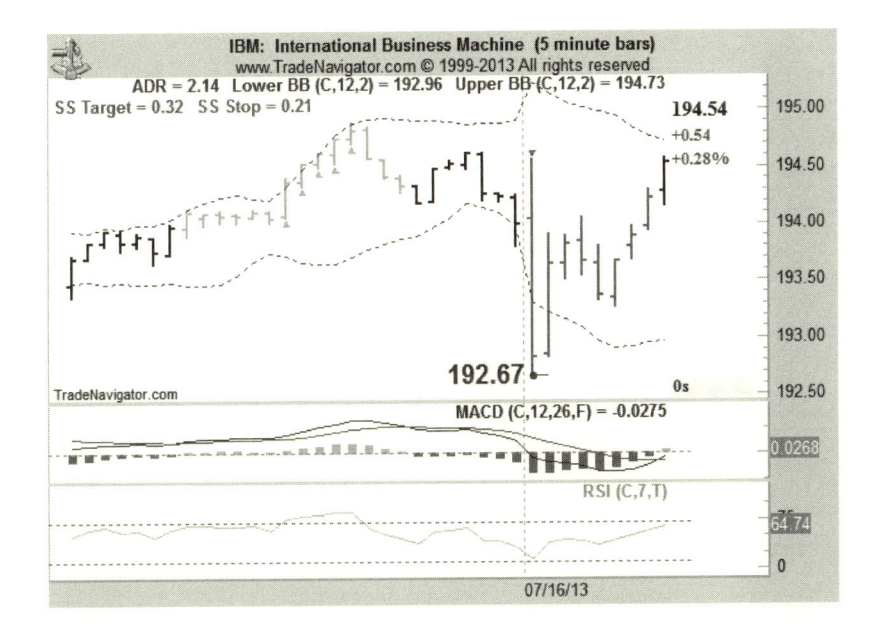

　図9.7のチャートを見ると、ブレイクアウト戦略の利点が分かるはずだ。注文がブレイクアウトで執行された前の例とは違って、この例では市場が上昇しているので192.67ドルの売りの逆指値注文には到達しない。ブレイクアウトの仕掛けは、市場が反転したときにトレードを仕掛けなくても済むが、より良い価格での仕掛けを犠牲にする場合もある。

第10章

シンプル戦略によるスイングトレード

Simple Strategy Swing Trading

第10章　シンプル戦略によるスイングトレード

もうそろそろ私のことが分かってきたのではないだろうか。ご存知のように、私はレンジバーが大好きで、**「シンプル戦略」**を使って先物をデイトレードするのを好む人物だ。しかし、この戦略は日足チャートでも機能するのか、といつも聞かれる。そこでこのメソッドを使ってスイングトレードをしているほかのトレーダーたちから学んだアイデアやヒントやコツを話していきたいと思う。

ヒント1 ―― チャートをクリーンアップせよ

チャートを設定して日々の支持線や抵抗線を加えているのなら、これらの水準を取り除いてチャートをクリーンアップする。代わりに、MACD（移動平均収束拡散法）とボリンジャーバンドを加える。日足チャートに切り替えると、物事はシンプルにするのがベストだということに気づくはずだ。市場の方向性を見るにはMACDを使い、最良の仕掛けポイントを見つけるにはボリンジャーバンドを使う。

ヒント2 ―― 動いているが「ギャップ」の空いていない株をトレードせよ

毎日株式を見ている人は、この意味が分かるはずだ。あまりトレンドを形成せず、一定のレンジで動く時間が長い株式がある。このタイプの株式のトレード方法についてはここでは述べないが、今のところはレンジ相場の株式は避ける。

ETF（上場投信）や小型株が好きな人は、出来高が少なく、1つの取引時間から次の取引時間にかけて大きなギャップを空けるETFや株式には注意したほうがよい。こうした大きなギャップが空くと、スイングトレードはやりづらくなる。

ヒント３ ── 価格がボリンジャーバンドに達したらシグナルに集中せよ

　ボリンジャーバンドの傾きと、バンドかその近くで引ける足を仕掛けのシグナルにすることの重要性についてはすでに述べたとおりである。株式をトレードするときには、これは特に重要だ。日々の足が上や下のボリンジャーバンドに達したらそれを仕掛けのシグナルととらえ、上昇トレンドならそのシグナル足の高値の１ティック上に買いの逆指値注文を置き、下降トレンドならそのシグナル足の安値の１ティック下に売りの逆指値注文を置く。市場が逆方向にギャップを空けたら、執行はまず無理なので注文は取り消す。

ヒント４ ── 手仕舞いのルールを調整せよ

　損切りはADR（日々の値幅の平均）の10％、利益目標はADRの15％というのはデイトレードにとってはベストだが、スイングトレーダーはもっと動く余地を与えたほうがよい。適切な損切りとしてはADRの100％に設定するのがよいと私は言われたことがある。デイトレードではリスク・リワード・レシオは１：1.5に設定するが、スイングトレードでは１：２に設定するのがよい。

　例えば、現在のSPYのADRが2.40ドルだとすると、仕掛けのシグナルが発生したら、損切りは2.40ドルに設定し、利益目標は4.80ドルに設定するといった具合だ。

　また、仕掛けているとき、MACDの交差に注意しよう。**「シンプル戦略」**によれば、MACDのルールに基づく上昇トレンドや下降トレンドの条件が満たされなければならない。デイトレードでは、利益目標や損切りに達する前にMACDが逆方向に交差することはめったにない（MACDの交差は、上昇トレンドではMACDがシグナルライン

を下回ったら発生し、下降トレンドではMACDがシグナルラインを上回ったら発生する。これはチャートでは黒い足となって現れる)。しかし、MACDの交差は日足チャートを使っていると頻繁に発生する。MACDが交差すると、私は市場の方向が変わる可能性があると見て、これを手仕舞いのルールにする。

ヒント5 ── 売りシグナルが出たらインバースETFやプットを買う

　先物トレードの良い点は、売ったあとで下落したら利益を簡単に得られることだ。株式を売るときは株券を借りる必要があるため、これは株式には当てはまらない。注文が却下されることでビッグトレードを見逃すことほどイラつくものはない。

　この問題を解決するには、インバースETFをトレードするのがよい。インバースETFとは、ベンチマークインデックスと逆方向に動くETFのことを言う。したがって、インバースETFを買えば、ベンチマークインデックスが下落すれば儲けになる。

　例えば、QQQ（ナスダック100）で売りシグナルが出たら、インバースETFであるQIDを買って、買いシグナルを探す。S&P500で売りシグナルが出たら、インバースETFであるSHを買って、買いシグナルを探すといった具合だ。そうすれば買いポジションを仕掛け、ベンチマークインデックスが下落すれば儲けになる。空売り規制や執行問題によって仕掛け損なうことはない。あるいは、オプションに詳しいのであれば、プットオプションを買ってレバレッジを効かせるとよい。

第11章

シンプル戦略でトレードして期待できること

What To Expect When Trading The Simple Strategy

「シンプル戦略」はリスク・リワード・レシオが１：1.5のトレンドフォロー戦略だ。

前にも述べたように、この戦略で利益を得るには勝率が50％もあれば十分だ。まずは50％の勝率を目指そう。

ちょっとばかり練習を積み、スキルを磨けば、この勝率はすぐに60％くらいには上昇する。奇跡を期待してはならない。一貫性が重要だ。一貫して利益が出るようになれば、マネーマネジメントを使って枚数や株数を増やすことができるので、あなたの口座は一気に加速する。

平均的には**「シンプル戦略」**から期待できるシグナルは１日に１市場につき１つだ。この戦略をトレードするにはトレンドが必要だということを忘れないようにしよう。

多くのトレーダーは、市場がトレンドを形成するのは全時間帯のわずか20％だと言う。これが正しい数字かどうかは分からないが、私の経験によれば、市場はほとんどの時間帯で横ばいに動く。だから辛抱強く正しい機会を待つことが重要だ。

第12章

落とし穴とその回避方法

Pinfalls and How to Avoid Them

前章で述べたように、この戦略をトレードするには辛抱強さが必要だ。急ぐ必要はない。すべてが整うまで待つことが重要だ。

この戦略の実行方法としては次の手順に従うことをお勧めする。

1．チャートソフトを設定する

チャートソフトは第5章で述べたように設定する。まだチャートソフトをお持ちでない方は、Genesis Trade Navigator をお勧めする。このチャートソフトは私がトレードで使っているものだ。このチャートソフトはパワフルで、しかも安価だ。30日の無料お試し版は次のサイトからダウンロードすることができる（http://www.tradenavigator.com/rockwell/）。これはパソコン限定だ。チャートソフトの設定方法で分からないことがあったら、私にコンタクトしてもらいたい。私たちがこれまでに使ってきたチャートソフトは、以下のとおりである。

- TradeNavigator
- TradeStation
- ThinkOrSwim
- NinjaTrader
- AT Charts
- SierraCharts
- eSignal
- MultiCharts
- その他

2．チャートでシグナルを探す

チャートを設定したら、**「シンプル戦略」**に従ってシグナルを探す。

必要ならチャートを印刷して、プリントアウトしたものに仕掛けのシグナルと手仕舞いのシグナルの印を付ける。少し練習すれば、「完璧な」シグナルを簡単に見つけることができるようになる。

3．戦略のバックテスト

「シンプル戦略」のルールに慣れてきたら、バックテストをしてみよう。過去30日分のチャートを足ごとにチェックする。仕掛けのシグナルを見つけて、手仕舞いのシグナルに印を付ける。総利益、1トレード当たりの利益、勝率、プロフィットファクター、最大ドローダウンなどの重要な統計量を含むパフォーマンス統計量が得られるように、バックテストしたトレードのトレード記録は取っておく。

4．シンプル戦略をシミュレーターでトレードする（フォワードテスト）

最低40回のトレードにおいて**「シンプル戦略」**をバックテストしたら、「フォワードトレード」をやってみる。市場をリアルタイムで見てトレード機会を探す。トレーディングシミュレーターでの注文に慣れよう。仕掛けの注文と手仕舞いの注文の出し方を練習する。実際にお金を使ってトレードする前に、トレーディングプラットフォームの特徴を把握しておくことが重要だ。現実的なシミュレーターが必要なら、次のシミュレーターをチェックしてみよう。

http://www.infinityfutures.com/practiceaccount.aspx?ref=rock

このシミュレーターは「非常に」現実的だ。しかも、無料で使うことができる。

「シンプル戦略」でトレードするときのそのほかのコツは以下のとおりである。

●経済関連のニュース発表前後ではトレードするな
　大きなニュース発表のあとでは、市場は大きく上下動することが多い。大きなニュース発表の前後5分間はトレードしないことをお勧めする。ポジションを取っている場合は、ニュース発表前に手仕舞ったほうがよい。トレンドが継続していればいつでも仕掛け直すことができる。次のサイト（http://www.forexfactory.com/）で大きなニュース発表の予定を事前にチェックしよう。

●重要な支持線や抵抗線ではトレードするな
　重要な抵抗線では買いポジションは仕掛けてはならない。また、重要な支持線では売ってはならない。支持線や抵抗線からは価格が大きく動くことが多い。こういった水準で仕掛ければ、トレンドが継続する前に損切りに引っかかってしまうことになる。仕掛けと利益目標の間に支持線や抵抗線がないことを確認しよう。重要な支持線ゾーンや抵抗線ゾーンは以下のとおりである。
　●ピボットポイント──S1、S2、R1、R2
　●前日の高値
　●前日の安値

　「シンプル戦略」は機械的な戦略だ。裁量の入る余地はほとんどない。少し練習を積めば、チャートで簡単にトレード機会を見つけることができる。
　この戦略の機械的な特徴は、「分析まひ」に陥っているトレーダーにとって非常に役立つ。「シンプル戦略」でトレードするとき、予測

の入る余地はない。MACD（移動平均収束拡散法）がゼロラインを上回っているか、シグナルラインを上回っているか、そして上のボリンジャーバンドが上昇しているかどうかだけを見ればよい。これほど黒白はっきりした戦略はない。

　「**シンプル戦略**」を使っているトレーダーの多くは、リラックスしてトレードできるようになったと言う。トレードが1回おきに間違っていても、利益が出るのだから。この戦略のルールに従えば、負けトレードの損失よりも勝ちトレードの利益のほうが多くなるはずだ。だから、とんでもなく高い勝率は必要ではない。50％の勝率はほとんどのトレーダーにとって達成可能な数値だ。

　「**シンプル戦略**」のもう一つの大きなメリットは、自己調整するという点だ。ADR（日々の値幅の平均）に基づいて手仕舞いポイントを決めれば、市場のボラティリティが高まったときに利益目標や損切りは遠く置かれ、市場があまり動かないときは、利益目標や損切りはきつく設定される。

　利益目標や損切りは固定されていないので、この戦略はどの市場にも適用可能だ。

　また「**シンプル戦略**」はどの市場にもカーブフィットしていない。なぜならこれは市場の「普遍的な法則」に基づく戦略だからだ。底や天井を言い当てる必要もない。市場がトレンドを形成し始めるのを待って、トレンドが形成されたらそれに乗って、トレンドが終了する前に手仕舞いするだけだ。

　市場はほとんどの時間帯で横ばい相場であることを忘れてはならない。したがって、辛抱強く正しい機会を待つ。これが重要だ。すべてが整ったときにのみトレードを仕掛けるのだ。

　「**疑わしきものには近寄るな**」

　足がボリンジャーバンドから遠く離れて引けたら、次の足を待て。買いポジションを考えているときに、上のボリンジャーバンドが上昇

していなければ、次の足を待て。

　この戦略では１日当たり１～２回トレードシグナルが出るが、シグナルが出ない日もある。それでも構わない。急ぐ必要はない。

　もう少し活発にトレードしたいのなら、トレーディングプランにほかの戦略を加えるとよいだろう。私は通常３～４種類のトレード戦略を使う。トレンド相場には２つのトレンドフォロー戦略、横ばい相場にはスキャルピング戦略といった具合だ。私は活発にトレードするのが好きなので、複数の時間枠で複数の戦略をトレードする。

第13章

次のステップ

The Next Step

次のステップは簡単だが、多くの人にとって最も難しいステップだ。

「さあ、行動を起こせ！」

　本書は本棚でほこりをかぶらせてはならない。第12章（「落とし穴とその回避方法」）に従ってトレードを始めよう。
　あなたのトレード目標を達成して、なりたいトレーダーになれるように心から祈っている。
　この戦略があなたのトレードの役に立てば幸いだ。

第14章

資料

Resources

1．「シンプル戦略」の無料DVD

本書を買ったら、無料DVDを手に入れよう。無料DVDには、「シンプル戦略」のさらなる例、ヒントやコツが満載だ。入手サイトは、http://www.rockwelltrading.com/free-dvd-simple-strategy/。

2．無料eブック「The Complete Guide to Day Trading」

トレードを始めて間もない人で、デイトレードの素晴らしい世界についてもっと知りたい人は、本書を入手しよう。本書は296ページの本で、私たちのウェブサイトから無料でダウンロード可能だ（http://www.rockwelltrading.com/ebook）。

3．無料のInfinity AT Trade Simulator

この戦略をリアルタイムで練習したい人は、Infinity AT Trade Simulatorをダウンロードしよう。これは30日間無料で使用できる。これは私の知るかぎり最も現実的なシミュレーターの１つだ（http://www.infinityfutures.com/practiceaccount.aspx?ref=rock）。

4．無料のチャートソフト

私がトレードで使っているチャートソフトはGenesis Financial Trade Navigatorだ。30日間の無料お試し版は以下のサイトからダウンロードできる。http://www.tradenavigator.com/rockwell.exe。（ただし、これはパソコン専用だ。あなたのパソコンのブラウザでリンクしよう）

5．Rockwellトレーディングインディケーター

　本書を読み終わったら、**「シンプル戦略」**でトレードするためのチャートソフトの設定についてはもう分かるはずだ。しかし、チャートソフトの設定は厄介なので、戦略設定付きインディケーターを読み込みたい人は、以下のサイトから入手可能だ。http://www.rockwelltrading.com/rockwell-indicators/。

　これらのインディケーターは以下のチャートソフトで使うことができる。

●Genesis Trade Navigator
●TradeStation
●ThinkOrSwim
●NinjaTrader
●AT Charts
●SierraCharts
●eSignal
●MultiCharts（もうすぐリリースされる）

第15章

著者紹介

About The Auther

第15章 作者紹介

　ハーイ、私はマルクス・ヘイトコッター。私は自分の夢を実現させた。望むライフスタイルを手に入れ、欲しいものを買え、自分にとって本当に重要なことに時間を使うことができるようになった。でも、ここまで来るまでの道のりは平坦ではなかった。それをこれから話していこうと思う。

　私はずっとトレードにあこがれていた。私が最初にトレードをやったのは高校生のときだ。私は自分の「リスク資産」をすべて投じて、ドイツメーカーのフォルクスワーゲン（VW）の株を1株買った。それは50マルクだったと思う。これはおよそ50ドルに相当する。こうして私は最初の株式の栄誉あるオーナーになった。

　それは1989年のことだった。まだ携帯電話は持っていなかった。携帯電話が存在することすら知らなかった。それにリアルタイムデータを備えたコンピューターもなかった。当時の私のコンピューターはCommodore64で、チャート作成機能もなかった。それで私は1日に最低2回はブローカーに電話して、「儲けはいくらになった？」と聞かなければならなかった。

　3日目、ブローカーは、「マルクス、このトレードでいくら稼ぎたいんだい？」と聞いてきた。しばらく考えて、「10ドル稼ぎたい。そうすれば初期投資の20％の稼ぎになるから」と私は言った。するとブローカーは、「よーし分かった。明日私のオフィスに来なさい。そしたら10ドルあげよう。その代わり、もう電話してくるのはやめてくれないか」。

　これが私の最初のトレードだった。私はこのトレードで10ドルを手にした。

　しかし、デイトレードで生計を立てるには資金が不足していることに私は気づいた。それで、大学に入り、ビジネスとコンピューターサイエンスの学士号を修得し、仕事に就いた。私はトントン拍子に出世し、33歳でドイツのIBMの最年少のバイスプレジデントになった。人

生はうまく回っていた。IBMのヨーロッパ、中東、アフリカのグローバルサービスの担当になり、ヨーロッパや中東にビジネスクラスで出張に行き、豪華な車をレンタルし、大手航空会社、レンタカー、ホテルのプラチナ会員になり、人生を謳歌していた。

2001年、すべてが変わった！

　しかし、出世街道も楽ではなかった。週6日働き、家には週末に数時間帰るだけだった。土曜日に家に帰って、日曜日にはまた出勤ということもしばしばだった。友人や家族といった人生で本当に大切なものに費やす時間などなかった。激しい出世競争で私は心身ともに疲れ果てていた。
　2000年4月、インターネットバブルが崩壊した。IBMグローバルサービスでの仕事も次第に厳しいものになっていった。そして、2002年7月、IBMはプライスウォーターハウスクーパース・コンサルティング（PWC）の買収を発表し、IBMグローバルサービスとPWCは統合された。私たちはみんな「統合」が意味するものを知っていた。

決断

　私はそろそろ激しい出世競争からはしりぞいて、自分の本当の夢——トレード——を追求する時期が来たと思った。
　IBMの在職中に貯めた貯金があったため、1年間は何もしなくても食べていける。
　しかし、仕事を辞めると何もかもが劇的に変わることになるだろう。
　ライフスタイルを変えなければならない。アパートに移り、上等なドイツ車を売って中古車に買い替え、素敵なレストランでの食事もやめて、家で食事しなければならなくなるだろう。それにもう旅行にも

行けない。クーポンを切り抜く生活が待っている。でも、私は決心した。出世競争からは降りて、トレーダーになることを。

2002年9月、私はIBMを辞め、いろんな持ち物を売り、箱数個とベッド、テーブル、椅子4つを持ってドイツからアメリカに移った。

模索

IBMで働き、ホテルのスイートルームで生活している間、私はデイトレードについての本をたくさん読んだ。高価なソフトウェアを買い、コンピューターサイエンスの学士号を生かして、デイトレードシステムを独自に開発し始めた。今、私に必要なのはトレードを職業にして収入源を得ることだった。それで私はデイトレードの通信講座を受け始め、本やシステムもさらに買った。そして1日の大半をコンピューターの前で過ごした。

心身ともに消耗した。しかし、全然うまくいかなかった。私は挑戦し続けたが、努力に見合う結果は得られなかった。

もう、あきらめよう！

もう、あきらめようとも思った。

通信講座、セミナー、本に大金をつぎ込み、懸命に努力して多くの時間をトレーディングアドベンチャーに注いだ。私はけっして怠け者ではないし、バカだとも思わない。しかし、何をすればよいのか、何を信じればよいのかもう分からなかった。

私のトレード口座は横ばいが続いた。少し儲かっては、損をするの連続だった。やがて口座は減少し始め、ほとんど瀕死の状態だった。そこへもってきて妻が妊娠した。

2003年4月、息子のジュリアスが6週間早く生まれた。最初の数週

間は問題続きだった。医療費はかさみ、資金が底をついてきた。

　私たち親子3人はほとんど家具のないアパートで暮らしていた。天国から地獄にまっさかさまとはこのことか。数年前までは出世街道まっしぐらの生活を送っていたが、フルタイムトレーダーになるという私の決断がいま私たち家族の生活を苦しめていた。これほどひどいことになるなんて思ってもみなかった。欲しい物が買えないのは言うに及ばず、必要な物さえ買えない状態だった。私は1日の大半をコンピューターの前で過ごし、何とかうまくいくように努力し続けた。

　しかし、現実は甘くはなかった。私のデイトレードは収入をもたらしてはくれなかった。

　私のトレーダーとしてのキャリアもこれまでか。またIBMに戻ろうか。IBMに戻っても、立場はこれまでとは違うだろうし、収入もはるかに低くなる。そのころ、IBMはPWCとの統合によってすでに従業員のレイオフを始めていた。

突破口

　あとがなくなった私は、考え方を変えなければならないと思い始めた。

　1カ月に1万ドル稼ごうとするのではなくて、次のトレードに集中することにした。すると100ドル儲かり、また100ドルと儲かっていった。私は棚ぼた利益ではなくて、一貫性を重視し始めた。一貫性を重視すれば、トレードする枚数や株数を増やすことができ、1トレードにつき100ドルではなくて、200ドル、300ドル、500ドル、1000ドル儲けることができる。小さく初めて、そのあとマネーマネジメントを使って大きく増やすのだ。

ひらめき

　この世には聖杯などなく、あなたをお金持ちにしてくれる97ドルで買えるデイトレードシステムもデイトレードロボットもないことを私は悟った。
　そして、トレーダーとして3つのスキルが必要であることも分かってきた。

1．市場の方向性を見極める
　市場の流れに逆らってはならない。市場が上昇しているときは買い、市場が下落しているときは売る。そして市場が横ばいのときは、サイドラインに下がって八つ裂きにされないようにする。私のトレードにとって重要なのは、市場の方向性を見極めることだった。

2．手仕舞いのタイミングを知る
　損切りと利益目標を設定せよ。私は、儲かっていても、儲かっている間は利食いせずに、気づいたら損失になってしまっていたということが往々にしてあった。そこで使い始めたのが利益目標だ。これで私のトレードは大きく変わった。利益目標は損切りよりも大きく設定するので、勝ちトレードの平均は負けトレードの平均よりも大きい。つまり、わずか50％の勝率でも儲けが出るということだ。これで気持ちが楽になり、プレッシャーから解放された。

3．マネーマネジメントを使って口座資産を増やす
　適切なリスクを使ってトレードし、適切なマネーマネジメントを使え。マネーマネジメントをしっかり行わなければ、利益の出るトレーディング戦略があったとしても、口座が一掃されてしまうことはすでに証明済みだ。私は昔はマネーマネジメントのことなど少しも知らな

かった。これで多くのお金を失った。そこで私は過去のトレードを分析した。すると、正しいマネーマネジメントをやっていれば、もっと儲かっていたことが分かってきた。

ついにやった！

　市場が上昇しているのか、下落しているのか、横ばいなのかを知る簡単な方法を発見し、損切りと利益目標を使い始めた。私の目標は勝率50％を達成することだった。つまり、１トレードおきに正しければよいということだ。これで気が楽になった。

　私はリラックスしてトレードできるようになった。今ではマネーマネジメントの秘訣を知っているので、小さいけれども一貫した利益を得ることに集中した。

　私のトレードが好転し始めたのはそれからだ。そして、私の人生も好転し始めた。

　アパートを出て、４つの寝室付きの家を買った。新車も買った。これは現金で支払った。ストレスは減り、家族と過ごす時間も増えた。

人生が再びうまく回り始める

　私が会社にも行かずに家族と過ごしていることを、隣人や友人は不思議に思ったようだ。何で食べているのか、と聞かれたので、彼らを自宅のオフィスに案内して、私のやっていることを見せてやった。彼らは興味をそそられたようだった。デイトレードに対するシンプルだが体系的な取り組みを彼らは絶賛してくれた。彼らがこのことを友人に話すと、話が口コミで広がり、多くの人がデイトレードの仕方を教えてくれと言うようになった。彼らが望む生活を送れるように、彼らにトレードの方法を教えるようになった。デイトレードしているより

も教えている時間のほうが多くなった。やがて、トレードに支障を来すようになった。

ロックウェルトレーディング

　兄と親友の助けを得て、私は自分の知識を共有するウェブサイトを立ち上げた。どういった名前にしようかと考えていたとき、義理の姉が「ロックウェルトレーディング」はどうかと提案してきた。こうして2005年2月、ロックウェルトレーディングは創設され、私たちはいくつかのデイトレード戦略を発表した。創設からわずか数カ月でストラテジーラナーの最大のパートナーになり、私たちは大成功した。何百人というトレーダーが私たちのデイトレード戦略を使い始めた。そして2006年初期、1500以上のトレード戦略を追跡しているある独立系企業が私たちの戦略を何カ月にもわたって「ベスト・フューチャーズ・トレーディング・ストラテジー」のトップ10に選んだ。

　私たちのウェブサイトへのアクセスは何千にものぼり、eメールが山のように送られてきた。これほどの需要があるとは私たちは想像もしていなかった。そこで私は私を補佐してくれるチームを早急に結成する必要に迫られた。しかし、重要なのはチームが私のやっていることを忠実に再現することだった。つまり、トレーダーたちがシステマティックな方法で目標を達成するのを助け、彼らのライフスタイルを変えるということである。私たちのところにやってくるすべてのトレーダーが、隣人や友だちが私の自宅のオフィスで私の隣に座って受けるのと同じデイトレード教育が受けられなければならないわけである。

　チームに加わる人は、私の目標を知り、それを達成するために全力を尽くす必要がある。

私のビジョンと目標

　私の目標は、あなたのようなトレーダーが私と同じトレード目標を達成し、私と同じように、望むライフスタイルを手に入れ、欲しいものは何でも買え、リラックスして、やっていて楽しいことで自分にとって重要なことをやれる時間をたっぷり取ることができるようにすることだ。

　そこで私は長い時間を費やしてシステマティックなステップバイステップのアプローチを開発した。このアプローチは、今のあなたから、なりたい自分になるのを手助けしてくれるはずだ。私があなたがたに提供するのは、立証済みのデイトレード戦略、しっかりとしたリスクマネジメントやマネーマネジメントテクニック、感情をコントロールして自信をもって一貫性のあるトレードをするためのツールとテクニックだ。

　私のウェブサイト（http://www.rockwelltrading.com/）ではトレーダーのためのツールをたくさん用意している。ぜひ一度立ち寄ってもらいたい。

　あなたと話ができるのを楽しみにしている。

マルクス・ヘイトコッター

■著者紹介
マルクス・ヘイトコッター（Markus Heitkoetter）
高校生のときにフォルクスワーゲンの株を1株買い、投資に目覚める。大学では、ビジネスとコンピューターサイエンスの学士号を修得し、IBMに就職。33歳でドイツIBMの最年少のバイスプレジデントになる。2002年9月、IBMを辞め、アメリカに移住し、トレードで身を立てることを決心。苦労の末、現在の手法を編み出す。2005年2月、ロックウェルトレーディング（http://www.rockwelltrading.com/）を創設し、トレーダーのためのツールをたくさん用意し、トレーダーが自立できるのを助けている。

■監修者紹介
長尾慎太郎（ながお・しんたろう）
東京大学工学部原子力工学科卒。北陸先端科学技術大学院大学・修士（知識科学）。日米の銀行、投資顧問会社、ヘッジファンドなどを経て、現在は大手運用会社勤務。訳書に『魔術師リンダ・ラリーの短期売買入門』『新マーケットの魔術師』（いずれもパンローリング、共訳）、監修に『高勝率トレード学のススメ』『ラリー・ウィリアムズの短期売買法【第2版】』『コナーズの短期売買戦略』『コナーズRSI入門』『アメリカ市場創世記』『ウォール街のモメンタムウォーカー』『FX 5分足スキャルピング』『グレアム・バフェット流投資のスクリーニングモデル』『勘違いエリートが真のバリュー投資家になるまでの物語』『Rとトレード』（いずれもパンローリング）など、多数。

■訳者紹介
山下恵美子（やました・えみこ）
電気通信大学・電子工学科卒。エレクトロニクス専門商社で社内翻訳スタッフとして勤務したあと、現在はフリーランスで特許翻訳、ノンフィクションを中心に翻訳活動を展開中。主な訳書に『EXCELとVBAで学ぶ先端ファイナンスの世界』『リスクバジェッティングのためのVaR』『ロケット工学投資法』『投資家のためのマネーマネジメント』『高勝率トレード学のススメ』『勝利の売買システム』『フルタイムトレーダー完全マニュアル』『新版 魔術師たちの心理学』『資産価値測定総論1、2、3』『テイラーの場帳トレーダー入門』『ラルフ・ビンスの資金管理大全』『テクニカル分析の迷信』『ターブ博士のトレード学校 ポジションサイジング入門』『アルゴリズムトレーディング入門』『クオンツトレーディング入門』『スイングトレード大学』『コナーズの短期売買実践』『ワン・グッド・トレード』『FXメタトレーダー4 MQLプログラミング』『ラリー・ウィリアムズの短期売買法【第2版】』『損切りか保有かを決める最大逆行幅入門』『株式超短期売買法』『プライスアクションとローソク足の法則』『トレードシステムはどう作ればよいのか 1 2』『トレードコーチとメンタルクリニック』『トレードシステムの法則』『トレンドフォロー白書』『スーパーストック発掘法』『出来高・価格分析の完全ガイド』『アメリカ市場創世記』『ウォール街のモメンタムウォーカー』『グレアム・バフェット流投資のスクリーニングモデル』『Rとトレード』（以上、パンローリング）、『FOR BEGINNERSシリーズ90 数学』（現代書館）、『ゲーム開発のための数学・物理学入門』（ソフトバンク・パブリッシング）がある。

2016年2月3日　初版第1刷発行

ウィザードブックシリーズ ㉜

ボリンジャーバンドとMACDによるデイトレード
── 世界一シンプルな売買戦略

著　者	マルクス・ヘイトコッター
監修者	長尾慎太郎
訳　者	山下恵美子
発行者	後藤康徳
発行所	パンローリング株式会社
	〒160-0023　東京都新宿区西新宿 7-9-18-6F
	TEL 03-5386-7391　FAX 03-5386-7393
	http://www.panrolling.com/
	E-mail　info@panrolling.com
編　集	エフ・ジー・アイ（Factory of Gnomic Three Monkeys Investment）合資会社
装　丁	パンローリング装丁室
組　版	パンローリング制作室
印刷・製本	株式会社シナノ

ISBN978-4-7759-7201-4

落丁・乱丁本はお取り替えします。
また、本書の全部、または一部を複写・複製・転訳載、および磁気・光記録媒体に
入力することなどは、著作権法上の例外を除き禁じられています。

本文　©Emiko Yamashita／図表　© Pan Rolling 2016 Printed in Japan

関連書籍

ボリンジャーバンド入門
著者：ジョン・A・ボリンジャー

定価 本体5,800円+税　ISBN:9784939103537

相対性原理が解き明かすマーケットの仕組み！　ジョン・ボリンジャー自身によるボリンジャーバンド(標準偏差バンド)の解説書。

アペル流テクニカル売買のコツ
著者：ジェラルド・アペル

定価 本体5,800円+税　ISBN:9784775970690

テクニカル分析に革命をもたらした最新かつ高度な画期的テクニックも網羅！サイクルやトレンド、モメンタム、出来高シグナルなどを用いて相場動向を予測する手法を明らかにする。

新版 魔術師たちの心理学
著者：バン・K・タープ

定価 本体2,800円+税　ISBN:9784775971000

「勝つための考え方」「期待値でトレードする方法」「ポジションサイジング」の奥義が明らかになる！あなただけの戦術・戦略の編み出し方がわかるプロの教科書。

FX 5分足スキャルピング プライスアクションの基本と原則
著者：ボブ・ボルマン

定価 本体5,800円+税　ISBN:9784775971956

132日間連続で1日を3分割した5分足チャート【詳細解説付き】！あらゆるマーケットや銘柄に機能するプライスアクション。この1冊でプライスアクションのすべてがわかる！

関連書籍

バーンスタインのデイトレード入門
著者:: ジェイク・バーンスタイン

定価 本体7,800円+税　ISBN:9784775970126

デイトレーディングの奥義と優位性がここにある！初心者でもベテランでも、一読の価値があるこの本を読めば、新たな境地が見えてくるだろう。

プライスアクショントレード入門
著者:: アル・ブルックス

定価 本体5,800円+税　ISBN:9784775971734

すべての指標を捨て、価格変動と足の動きだけに注視せよ！複雑に組み合わされたテクニックに困惑する前に、シンプルで利益に直結するチャートパターンを習得しよう。

高勝率トレード学のススメ
著者:: マーセル・リンク

定価 本体5,800円+税　ISBN:9784775970744

高確率な押し・戻り売買と正しくオシレーターを使って、運やツキでなく、将来も勝てるトレーダーになる！過酷なトレーディングの世界で勝つためのプログラムを詳しく解説。

続高勝率トレード学のススメ
著者:: マーセル・リンク

定価 本体5,800円+税　ISBN:9784775971727

トレードはギャンブルではない！ここにはすぐに金持ちになれる方法などは書かれていないが、どのように賢く熱心に努力すれば利益を増やせるかを学べるはずだ。